カクテルの教科書

「Bar Noble」
「Grand Noble」　　「BAR ORCHARD GINZA」
山田高史 ◇ 宮之原拓男

柴田書店

はじめに

近年、カクテルの世界は著しい進化を遂げています。
世界的な食のトレンドの影響や調理科学の発展、さまざまな機器の登場により、日々新しい味わいのカクテルや斬新なプレゼンテーションが誕生しています。

しかしながら、カクテルの本質とは、シェイカーやミキシンググラスなどのシンプルな道具を自在に操り、飲み手に合わせて無限ともいえる味わいを創造することです。
本書は、こうしたカクテルづくりの第一歩、基本の技術と味の組み立て方を2部構成でまとめたものです。

前半のスタンダードカクテルは「Bar Noble」「Grand Noble」山田高史さんに、後半のフレッシュ素材でつくるカクテルは「BAR ORCHARD GINZA」宮之原拓男さんに、それぞれ技術指導と解説をお願いしました。

前半は、道具の持ち方から動かし方、各技法の基礎とバリエーションを詳しく解説。後半は、フレッシュ素材へのアプローチと味の引き出し方を中心にまとめています。
両パートに共通するのは、長く受け継がれてきたものに自分なりのアイデアをプラスしてロジカルに組み立て、くり返し検証を重ねて、一つひとつの技法を進化・発展させていることです。

これからバー業界へ進む方はもちろん、「スタンダードはほとんどつくらない」「フレッシュフルーツは手間がかかる」と敬遠されている方も、ぜひ本書を参考に、世界トップクラスのバーテンダーの経験と発想を役立てていただければ幸いです。

柴田書店 書籍編集部

本書で紹介するカクテル

スタンダードとその応用 ➡ p.50

| シンガポールスリング
Singapore Sling | ソルティドッグ
Salty Dog | グレートサンライズ
Great Sunrise | ウイスキーサワー
Whisky Sour | フローズンダイキリ
Frozen Daiquiri | フレンチコネクション
French Connection | サゼラック
Sazerac |

ホットバタードラムラテ Hot Buttered Rum Latte / レッドバイキング Red Viking / ポーラーショートカット Polar Short Cut / モヒート Mojito / ジントニック Gin & Tonic / アメリカンビューティ American Beauty / ジャックローズ Jack Rose

アレキサンダー Alexander / オールドファッションド Old-Fashioned / マルガリータ Margarita / ホワイトレディ White Lady / サイドカー Sidecar / マティーニ Martini / マンハッタン Manhattan

ブランデーブレイザー Brandy Blazer / バンブー Bamboo

フレッシュ素材でつくる ➡ p.80

ジントニック Gin & Tonic / ブラッディメアリー Bloody Mary / モスコミュール Moscow Mule / モヒート Mojito / バナナダイキリ Banana Daiquiri / ティツィアーノ Tiziano / ベリーニ Bellini

イチジクのカクテル Fig Cocktail / リンゴのカクテル Apple Cocktail / 柿のカクテル Persimmon Cocktail / レオナルド Leonardo / 金柑のジントニック Kumquat Gin & Tonic / ドラゴンフルーツのカクテル Dragonfruits Cocktail / ラム・パッションフルーツ・オールドファッションド Rum Passionfruits Old-Fashioned

Contents

- 002 はじめに
- 003 本書で紹介するカクテル

- 006 **スタンダードカクテルを究める**
- 008 シェイク
- 012 シェイクの基本(1段振り)
- 014 シェイクの種類、氷との関係、6タイプの一覧
  2段振り／1段振り(氷1個)／1段振り(氷3個)／1段ひねり／2段ひねり／ボストンシェイク
- 026 ステア　ステアの基本／ステアの分類
- 030 ビルド　ビルドの4タイプ
- 033 ブレンド
- 034 カクテルの仕上げ
- 037 カウンター内の道具配置　「Bar Noble」の場合
- 038 仕込みと副材料
- 046 基本の動作
- 050 カクテル作品集Ⅰ　〜スタンダードとその応用

- 066　**素材から発想するカクテル**
- 068　味づくりの基本とレシピの組み立て
- 070　五味とは
- 071　技法について
  エアレーション／スローイング／スウィズル／マドル
- 074　素材のもち味を引き出す
  ハーブ・スパイス／かんきつ類／フルーツ・野菜／追熟に向くフルーツ／扱い方のコツあれこれ
- 080　**カクテル作品集II　～フレッシュ素材でつくる**

- 094　私のカクテル観、カクテル各論　　山田高史、宮之原拓男
- 106　**カクテルレシピ62**（山田高史）
- 120　フレッシュ素材　扱いのポイントとカクテル展開例（宮之原拓男）
- 126　index

本書の使い方
- ○動作の流れ、手順などは右利きを例に解説しています。
- ○分量の単位表記は以下の通りです。
  1tbsp.は約15ml、1tsp.は約5ml、1dashは約1ml、1dropは約1/5ml。
- ○ジュースはフレッシュフルーツを搾った果汁のことです。
- ○温度の目安は、冷凍は約−15℃、冷蔵は約5℃、常温は約15℃です。
- ○材料には、日本未発売品や終売品が含まれています。
  また、名称の一部を省略したり通称表記しているものがあります。
- ○本書の内容は、2018年9月末現在のものです。

Standard

スタンダードカクテルを究める

シェイク
Shake

材料を急速に混ぜながら冷やし、空気を含ませる技術。比重の差が大きく混ざりにくい材料を素早く合わせたり、強い酒のカドをとり、飲みやすくする目的で用いられる。

最小限の力で
最大限の効果を生む振り方

シェイクの基本は、身体の動きを無駄なくシェイカーに伝え、その運動を素早くシェイカー内の氷と液体に作用させて、「混ざり、冷やし、空気を含んだ」状態のカクテルをつくること。その際、ただ力まかせに振るのではなく、シェイカーの中心点（シーソーの支点のように重力がバランスする点）をとらえて、その点がゆがみのない正確な軌道を描くように振ることが肝心だ（p.13）。この「最小限の力で、最大限の効果を生む振り方」を意識するとカクテルがレベルアップするだけでなく、フォームが安定し、それによって身体への負荷も小さくなる。まずはしっかりと基本を身につけてから、次の段階で自由なアレンジを加えていってもらいたい。

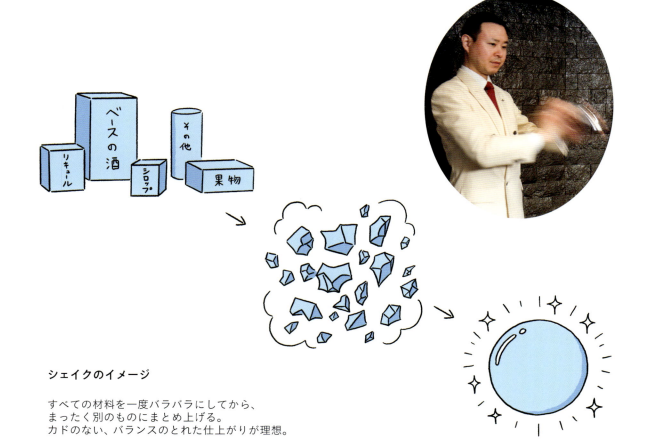

シェイクのイメージ

すべての材料を一度バラバラにしてから、
まったく別のものにまとめ上げる。
カドのない、バランスのとれた仕上がりが理想。

◇ ツール

写真右：広く使われる3ピースシェイカー。最上部のトップは、シェイカーのフタになる部分で、注ぐ際にはずす。中央のストレーナーは、氷や不純物を取り除くメッシュが上部に付いている。最下部のボディは、材料と氷を入れるシェイカーの本体部分。写真左下：バースプーンは、中央がねじり加工で両端にスプーンとフォークが付き、スプーンは液体を混ぜたり量るときに、フォークは副材料を扱うときなどに使用する。写真右下：メジャーカップは30/45mlの組み合わせが一般的。

メーカー名・スペック他
シェイカー　YUKIWA　Bタイプ
バースプーン　ナランハ　ゴールド
メジャーカップ　YUKIWA　U型（目盛付き）

3ピースシェイカー

バースプーン　　メジャーカップ

◇ シェイカーの持ち方

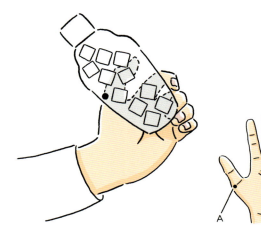

シェイカーの上部が自分に向くようトップを手前にして持ち、右手の親指でトップを押さえる。人差し指はストレーナーを、中指・薬指・小指はボディに軽く添える程度に。重要なのが左手親指の付け根部分（右図A）で、ここでシェイカーの中心点を支える。左手の人差し指はボディの下部を、中指でボディの底を支える。薬指と小指はシェイカーに触れない。

シェイカーの中心点は、ストレーナーのメッシュ部分とボディの底との中間ぐらい。液面はシェイカーの1/4～2/5になる。左手親指の付け根あたり（右図A）で中心点を支えるが、ひねるタイプのシェイクではここが「支点」となり、この点を軸としてシェイカーにひねりを加える。

◇ シェイカーの閉め方、開け方、注ぎ方

❶ボディを中央に、ストレーナーとトップを右側に置いて準備する。❷材料と氷をボディに入れたら、ストレーナーとトップを右手で持ち上げながら、親指と人差し指でトップをはずす。❸ストレーナーを斜め上からボディにかぶせる。❹トップを浮かせたまま、ストレーナーをしっかりと閉める。❺同じように斜めからトップをかぶせ、最後に真上から押してトップを閉める。ストレーナーとトップを同時にかぶせるとシェイカー内の空気圧が高くなり、途中で液漏れを起こしたり、逆にはずれなくなる原因になる。

❶右手でボディとストレーナーを押さえ、左手でトップを外す。❷右手の人差し指でストレーナーを押さえたまま、シェイカーを返してグラスに注ぐ。最後の数滴は水っぽくなるので、その手前で注ぐのを止める。トップは左手に持ったまま。

◇ 立ち方、構え方

◆ 斜め約30度を向いて立つ
足を軽く開き、左足を少し前に出す。正面に対して斜め20〜40度の方向を向き、肩の力を抜いて自然な姿勢で立つ。

◆ シェイカーは左胸の前に
シェイカーはトップを手前にして横に倒し、左胸の前に構える。シェイカーと体との距離は、握りこぶし1個分ほど。シェイクのスタートとフィニッシュのポジション。

◆ 体幹を意識する
シェイクでは身体の軸がぶれないよう、つねに体幹を意識して立つ。やや両肩を引いて胸を張るような姿勢を心がけると、堂々として美しく見える。

スタンダード シェイク

基本的に、体と顔はほぼ同じ方向を向く。シェイカーを振り出す方向は、左胸を基点に正面から左へ45度の間くらい。

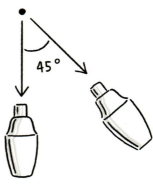

シェイクの基本（1段振り）

引きつける

◆「引く」から始める
p.11のシェイカーを構えた位置から、最初に胸の前ギリギリまでしっかりと引きつける。引くことを意識すると、効率よく、長いストロークで振ることができる。

◆自然に手首を返す
引きつけたときに軽く手首を返すと、氷と液体の重みで自然にシェイカーのトップが下にくる（完全な上下逆さではない）。この回転をうまく活用してシェイカーを振る。

振り出す

◆「直線的」に振り出す
充分に引きつけたところから、やや下方に向けて直線的に振り出す。シェイカーの中心点が弧を描くように（半円状）振ると速度が落ち、力も逃げてしまうのでNG。振り出しながら、返していた手首を元にもどす。

◆ひじから先を動かす
手首はシェイカーの重みを受け止めて自然に「しならせる」程度。ひじから先を使い、負荷がかかるため手首だけで振らないように注意する。

◇ シェイカーの動き

中心点の軌道と振る速度を意識する

基本のシェイク（1段振り）で「引きつける」と「振り出す」の2つの地点を往復する際、シェイカーの中心点はつねに直線の軌道を描くように振る。中心点がしっかりと直線上を移動することが重要で、これは最短距離であると同時に、もっとも効率的にシェイカーに力が伝わることを意味する。動きに慣れてきたら徐々に速度を上げていき、ある程度の速度で軽やかに振れるように練習する。

真横から見た図

横から見るとわかるように、中心点が直線上を移動しながら、シェイカー本体もほとんど上下を返すくらい、150〜160度回転させる。この2つを同時に行なうことにより、「最小限の力で最大限の効果を生む振り方」が実現する。余談だが、シェイカー本体を回転させるため、ゆるやかな弧を描いたような残像が残る。

◇ シェイクのトレーニング

ひじを固定した練習

はじめから氷と液体を入れたシェイカーを振るのではなく、まずは空の状態で練習してみよう。カウンターなどにひじをつき、手首を動かさないようにしてシェイカーを振り、腕のストロークが使えているか、シェイカーがまっすぐに動いているかを確認する。慣れてきたら、シェイカーに米を入れて、今度はシェイカーの中心点を意識しながら振る。正しい振り方でないと米が一度に動いてしまい、重たくにぶい音がする。めざすのは、サラサラと途切れることなく、米が軽やかに動く音。

シェイクの種類

まずはここから。基本の振り方

シェイクの基本となる1段振り。入門者はここからスタートし、正しいフォームとリズムを身につけたい。本書では、4cm角氷とセットで紹介。大きな氷の面を使って、液体に圧力をかけることで空気を多く含ませ、カクテルをなめらかに仕上げる。

現代のバーシーンで主流の振り方

本書のメインとなる2段振り。いまは競技会の上位入賞者の多くがこの振り方を主軸に据えるなど、重要度が高い。本書では、素早い動きに対応する2cm角の氷を使用。1段振りに上方向の運動が加わることで素早く冷え、しっかりと混ぜることができる。

斜めの回転を加える高度な振り方

1段振りと2段振りそれぞれに、斜めからのひねりを加えた振り方。ブラウンスピリッツの香りを開かせたいときや、シロップや粘性の高いリキュールなどを多く含む場合に使う。手首に負担がかかるので注意する。

フレッシュ素材や液量が多いときに

容量の大きいシェイカーを使うため、フレッシュフルーツをそのなかでつぶしたり、液量が多いカクテルに向く。可動域が広くて混ぜやすく、空気をたくさん含ませることができる。本書では、2段振りを紹介する。

シェイクと氷の関係

4cm角1コ	大きい氷1つだと表面積が小さいため冷やすのには向かないが、空気を多く含ませることができる。氷が液体をとらえるたび大きな面で圧力がかかり、気泡が入りやすい。
4cm角2コ	空気は含ませたいが、できるだけ希釈したくないカクテルに向く。ひねりを加えてシェイカー全面に氷が接するように振ると、よく冷え、空気が入り、材料の香りも立ちやすい。
4cm角3コ	ホイップした生クリームの泡をつぶさずに冷やすシェイク。氷3個を入れるとほとんど動かないので、液体はその周囲をすべっていくだけ。混ぜることより冷やすことが目的。
2cm角	小さい氷がたくさん入り、表面積が最大になるためよく冷える。それぞれの氷がまとまり過ぎず回転するように動くため、動線が長く、また速度を上げたい2段振りに向く。

6タイプのシェイク一覧

タイプ別の振り方と使用氷、仕上がりの目安などの関係

		振り方	氷サイズと個数	シェイクの回数と時間	仕上がり温度	備考:材料の温度など
type1 ホワイトレディ	混 ★★★★ 空 ★★★ 冷 ★★★★ 難 ★★★	2段	2cm角 7〜8個	32回 8秒 (4回/s)	−3℃	ジンは冷凍、 レモンジュースは冷蔵
type2 レオン(オリジナル)	混 ★★★★ 空 ★★★★ 冷 ★★★★ 難 ★★★★	2段 ひねり	2cm角 7〜8個	60回 15秒 (4回/s)	−2℃	ラムは冷凍、 レモンジュースは冷蔵
type3 ソルティドック	混 ★★ 空 ★★★★ 冷 ★ 難 ★	1段	4cm角 1個	21回 7秒 (3回/s)	6℃	ウオッカは冷凍、 グレープフルーツ ジュースは冷蔵
type4 サイドカー	混 ★★★ 空 ★★★ 冷 ★★★ 難 ★★★★	1段 ひねり	4cm角 2個	45回 12秒 (3.75回/s)	0.2℃	ブランデーと レモンジュースは冷蔵、 ほかは常温
type5 アレキサンダー	混 ★ 空 ★★ 冷 ★★★ 難 ★	1段	4cm角 3個	60回 30秒 (2回/s)	1.5℃	カカオリキュールは常温、 ほかは冷蔵
type6 シンガポールスリング	混 ★★★ 空 ★★★ 冷 ★★ 難 ★★★	2段 ボストン	2cm角 12〜13個	30回 11秒 (2.7回/s)	3.5℃	ジンは冷凍、 ライムとパイナップル ジュースは冷蔵、 ほかは常温

※混、空、冷、難はそれぞれ、よく混ざる、空気をよく含む、よく冷える、難易度の略。
4段階で評価し★の数ほどが多いほど、その傾向が強い、または高いことを示す。

上記6タイプの各ボリュームとマッピング

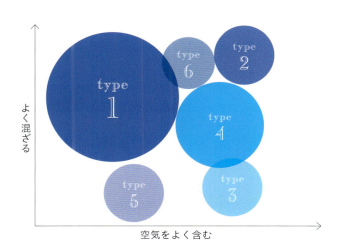

シェイク全体の6割強を「2段振り」が、さらに2割強を「1段ひねり」が占める。言い換えれば、この2つさえ習得すれば、約8割のスタンダードがつくれる計算だ。ただし、6タイプがそれぞれ独立するには明確な理由がある。次ページから詳しく解説する。

type 1 — 2段振り

本書のメインとなる振り方。
しっかりと混ざり、素早く冷やすことができる。

基本の1段振りに上方向の動きが加わった2段振りは、でき上がりのスピード、混ざりやすさ、汎用性の高さの点で欠かすことのできない重要な振り方だ。比較的混ざりやすい材料を合わせるカクテルに向き、本書ではシェイク全体の6割強を占める。

point

- 1段振りに上方向の動きが加わる
- 上下とも直線的な軌道を描く
- 軌道がぶれないように注意

シェイカーを引きつけ、振り出す動作をくり返すときに、いつも同じ軌道を通り、決まったポジションに戻ることを意識する。スピードを上げると軌道がぶれやすいが、くり返し練習することで安定してくる。

2段振りでつくるカクテル
ホワイトレディ、ギムレット、マルガリータ、XYZ、バラライカ、他多数。

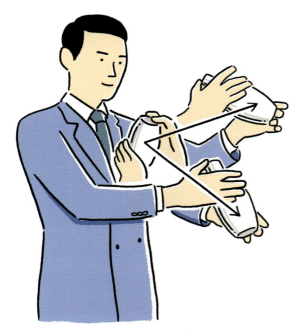

シェイカーの軌道は、上下でほぼ同じ角度と長さ、つまり線対称のイメージ。シェイカーの中心点が直線的な軌道を描くことで、最小限の力で最大の効果を生み出せる。

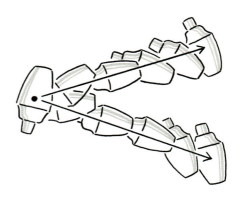

シェイカーの中心点は直線的に動くが、シェイカー全体は中心点を軸に回転する。この回転により、コンパクトな動きでも確実にシェイクができる。

スタンダード シェイク

引きつける
左胸の前ギリギリにシェイカーを引きつける。引きつけたときにブレないよう、体幹を意識する。手首は軽く返すように。

やや上方に振り出す
上に振り出すときは、肩やひじが上がりすぎないよう自然な高さに。引きつけたときに返した手首は、自然に元に戻す。

再び引きつける
最初と同じポジションへ引きつける。振り出すだけでなく、引く動作も重要。液体と氷が底にぶつかる直前でシェイカーを戻す。

やや下方に振り出す
下へ振り出すときは、ストロークが短くなりがちなのでとくに注意する。上下の振り出し方が均等になるように振る。

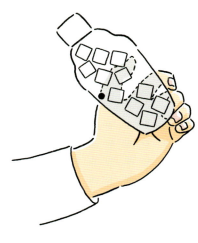

正確な軌道でシェイカーを振るために、まずは左手親指の付け根部分でしっかりと中心点を支える。安定して効率よくシェイカーを振るための第一歩。

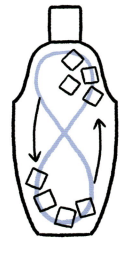

シェイカー内の液体と氷の動き
氷がまとまりすぎることなく、大きく「8」の形に動くので、材料がしっかりと混ざり、よく冷える。スピーディな振り方に対応するため2cm角の氷7〜8個がベスト。液体も氷とともにシェイカー内で大きく動くが、同時に希釈も進むので注意する。

type 3 １段振り（氷１個）

空気を多くとり込み、
カクテルをなめらかに仕上げる振り方。

空気を含ませることを最優先にした振り方。混ぜる・冷やすことを目的としていないので、材料は混ざりやすいものを選び、ある程度冷やしておくこと。ソルティードッグ、ブラッディメアリーのような、氷の入るロングカクテルに向く。

point

- 基本の１段振りと同じフォーム
- シェイカーを支える手の位置を意識する
- 正確な軌道で、リズミカルに振る

基本の１段振り（p.12〜13）と同じフォーム。シンプルな振り方で氷と液体の動きを感じやすいため、スピードを安定させ、正確な軌道を描くよい練習になる。

１段振り（氷１個）でつくるカクテル
ソルティドッグ、ブラッディメアリー、アビエイションなど。

振り方のフォーム、シェイカーが描く軌道は基本の１段振りと同じ。氷の存在感と液体にテンションをかける感覚を感じとりながら、ストロークを短く振る。

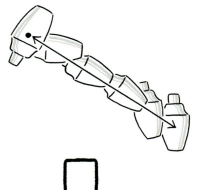

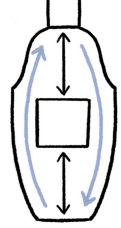

シェイカー内の液体と氷の動き

大きな４cm角氷１個がシェイカー内を自由に動き、同時に液体もよく動く。氷が大きいほど液体を面でとらえ、その面積を利用して液体に圧力をかける結果、空気を含みやすくなる。

type 5
1段振り（氷3個）

基本の1段振りと同じフォームだが、
泡立てた生クリームにのみ使う特殊な振り方。

泡立てた生クリームの泡を壊さずに冷やすことを目的にした振り方。きめ細かい泡が崩れないよう、ゆっくりと氷の間に液体をすべらせるように、スピードは遅く、長めに振る。グラスホッパー、アレキサンダーなどのクリーム系カクテルに。

スタンダード　シェイク

point

- 基本の1段振りと同じフォーム
- 生クリームは9分立てに
- 氷1個より、ゆっくりと長く振る

泡を壊さないようにスピードは遅く、長めに振る。生クリームは9分立てにして、ほかの材料を合わせてからシェイカーに入れて振る。この振り方だと泡のもちがよく、よく冷えて水っぽくならない。

1段振り（氷3個）でつくるカクテル
グラスホッパー、アレキサンダー、ゴールデンドリームなど。

基本の1段振りと同じフォームと軌道。泡を壊さないようにゆっくりと長く振る。

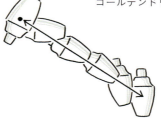

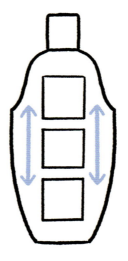

シェイカー内の液体と氷の動き

シェイカー内で4cm角氷3個はほぼ固定され、液体はその周囲を流れていく。氷が動かないため、泡が壊れることはない。氷が多く入るのでよく冷える。

生クリームは9分立ての状態まで泡立てる。

type 4
1段ひねり（氷2個）

1段振りに斜めからの回転を加える。
ブラウンスピリッツ系に必須の振り方。

1段振りにひねり（角度）を加える振り方で、シェイカー全面に氷が接し、乱雑に液体をとらえるのでよく混ざり冷える。空気をよく含むため、ブラウンスピリッツの香りがふわっと広がる。サイドカー、ハネムーンなどブラウンスピリッツの風味を活かしたいときに。

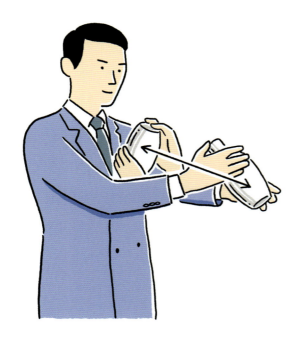

point

- 支点を軸にひねりを加える
- 腕のストロークを意識する（ひねりにとらわれすぎない）
- シェイカーの全面に氷が接するように振る
- 基本の1段振りより、軌道はやや浅め

左手親指の付け根部分を「支点」にひねりを加える。流れとしては、引きつけるときに左右交互に小さくひねり、その逆斜め（対角線）に振り出す。基本の1段振りに比べて軌道はやや浅めなので、振り出しの幅が左右に広がりすぎないようにする。早く振ると、ひねっているように見えないくらいの角度。手首に負担をかけないようやわらかく構え、腕のストロークからくる自然なスナップを効かせる。

1段ひねりでつくるカクテル
サイドカー、ハネムーン、シャンゼリゼ、シャンハイ、スティンガーなど。

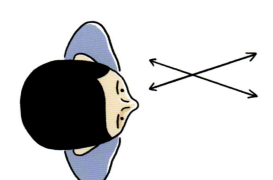

シェイカーの中心点の軌道

上から見ると、手前側2/5くらいのところで軌道がクロス。全体的に左右の幅が広がり過ぎないように。

スタンダード シェイク

1 胸の前でシェイカーを構え、引きつけながら軽く左側にひねる。**2** 引きつけたところから右斜め前に振り出す。**3** 振り出すときはひねりにとらわれず、ストロークと軌道を意識する。**4** 引きつけて、胸の前の位置に戻しながら、左側へ振り出しやすい角度をつくるとよい。**5** 胸まで引いてから、軽く右側へひねり、**6** 左斜め前に振り出す。

支点を軸にひねりを加える
左手親指の付け根部分（右図A）を支点に、左右のひねりを加える。

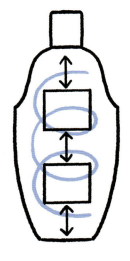

シェイカー内の液体と氷の動き

直線的な動きにらせん状の回転が加わり、シェイカー内全体に氷が接する。4cm角氷2個が回転しながらシェイカーのボトムに当たるため、普通の1段振りよりも気泡を生みやすくなる。長く振っても希釈はそれほど進まない。

type 2
2段ひねり

2段振りにひねりを加えた振り方。
混ざりにくい材料を合わせるときに。

2段振りにひねり（角度）を加える振り方で、空気をより多く含ませ、しっかりと混ぜ冷やすことができる。シロップや粘性の高いリキュールなど、混ざりにくい材料が10ml以上含まれるカクテルなどに。複雑な振り方で手首に負担がかかるので注意する。

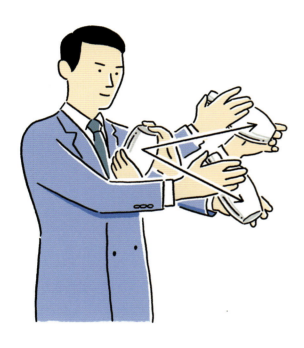

point

- 支点を軸にひねりを加える
- 手首はやわらかく構える
- 腕のストロークを意識する
  （ひねりにとらわれすぎない）
- シェイカー全面に氷が接するように振る
- 氷は乱雑にぶつけるイメージで

上下の動きに左右のひねりが加わるので、振り出すときは左上と右下の組み合わせになる。混ぜる、冷やす、空気を含ませる点でほとんどのカクテルをカバーするが、手首に負担がかかるので必要最低限の使用にとどめる。

2段ひねりでつくるカクテル
競技会用のオリジナル作品など、混ざりにくい材料や複雑なレシピ、高度なカクテル全般に。

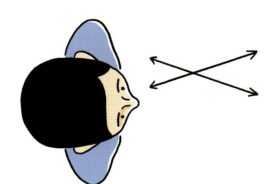

シェイカーの中心点の軌道

上から見ると、2本の直線が中心よりやや手前側でクロスする。1段ひねり同様、左右に広がらないように。

スタンダード　シェイク

1 左胸の前でシェイカーを構え、引きつけながら軽く右側にひねる。**2** 引きつけたところから左斜め上に振り出す。**3** 振り出すときはひねりにとらわれず、腕のストロークと軌道がぶれないように意識する。**4** 元の位置に戻り、次は引きつけながら軽く左側にひねる。**5** 引きつけたところから右斜め下に振り出す。**6** 上下の振り出す幅が同じくらいになるように。軌道の角度は、通常の2段振りよりも浅くなる。

支点を軸にひねりを加える

左手親指の付け根部分（右図A）を支点に、左右のひねりを加える。

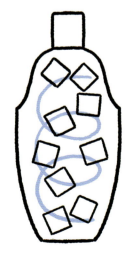

シェイカー内の液体と氷の動き

氷がバラバラになりながら上下に大きく動き、さらにらせん状の回転が加わる。速く細かい振り方に対応できる2cmの氷7〜8個を使用し、スピード感のある氷の動きとシェイカー内の複雑な混ざり具合を意識する。

type 6 ボストンシェイク

ボストンシェイカーを使い、
空気を多く含ませ、やわらかい味に仕上げる。

一般的なシェイカーと比べて容量が大きく、カクテルに空気をたくさん含ませることができるので香りが立ち、アルコールのカドがとれやすくまろやかな味に仕上がる。フレッシュフルーツを使用したものや液量の多いカクテルに。

point

- 中心点は左手首の付け根近く
- できるだけスピーディに振る
- シェイカーの空間の大きさを活かす
- シェイカー自体はそれほど回転しない

2段振りと同じ軌道。左手首の付け根の右側を中心点として、ボストンシェイカーの広い空間全体を使って振る。シェイカーが縦向きだとパイントグラス側に材料がたまってしまうので、横向きに近い形で振る。パイントグラスは割れやすいので注意して扱う。

引きつける
胸の前でシェイカーを構えて、体に引きつける。シェイカーが大きいので上下を返すのではなく、その空間の大きさを利用する。

やや上方に振り出す
振り出すときは、腕を伸ばしきらず、あくまで中心点の軌道が直線上を移動することを意識する。

再び引きつける
空間全体を使って液体と氷が動いていることを確認しながら、元の位置に戻す。通常の2段振りと同じく、引く動作も大切。

やや下方に振り出す
シェイカーの容量が大きいため、下ではなく水平からやや下方向に振り出す。中途半端に振り出すときちんと混ざらない。

◇ ボストンシェイカーの扱い

  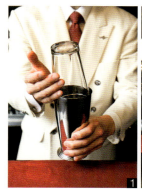 

閉め方

1. ティンに材料を入れ、パイントグラスを斜め上からかぶせる。2. 両手を左右逆側へ回すように閉めて上部を軽く叩く。しっかり閉まったことを確認する。上下を返してグラス側を下にして持ち、シェイクする。

開け方、注ぎ方

1. パイントグラスが自分の右側に傾くようにして持ち、右手の付け根でティンの上部右側を軽く叩く。ひねりながらグラスを外す。2. ストレーナーをかぶせて、右手の人差し指で押さえながら注ぐ。

 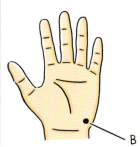

持ち方

左手の人差し指をティンの底部にかけ、残りの指でティンを支える。右手は人差し指をティンに、残りの指でパイントグラスを持つ。左手の付け根の右側部分（右図B）で、全体の中心点を支える。

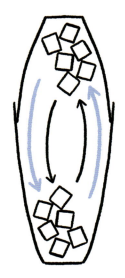

シェイカー内の液体と氷の動き

氷がまとまりすぎることなく、広いシェイカー内全体を大きく回る。可動域が広く混ぜやすい分、氷と液体のバランスに注意する。本書では、2cm角の氷を12〜13個ほど使用。

ステア
Stir

比較的混ざりやすい材料を、
強い刺激を与えずに混ぜて冷やす技術。
材料のもち味や香りを活かしたいときや、
よりドライな味わいに仕上げたい場合に用いられる。

ていねいさと
緻密さが求められる混ぜ方

ステアは、バースプーンで氷をなめらかに回転させ、その動きを利用して液体を混ぜながら冷やす技法。些細なことが仕上がりに大きな差をもたらすため、何よりもていねいで緻密な作業が求められる。味わいがソフトで軽くなりやすいシェイクに比べて、ステアは材料のもち味や香りを活かした、重層的で深みのあるドライな仕上がりが特徴といえる。そのため、希釈が進んでステアらしさが失われないよう、カクテルとしての完成度と材料のもち味が両立する、ギリギリのポイントを見極めることが重要だ。ステア中は液体の変化をよく観察することを忘れずに。カクテルごとに最適な混ざり加減と冷え具合、希釈の3つが交差する点を探し出そう。

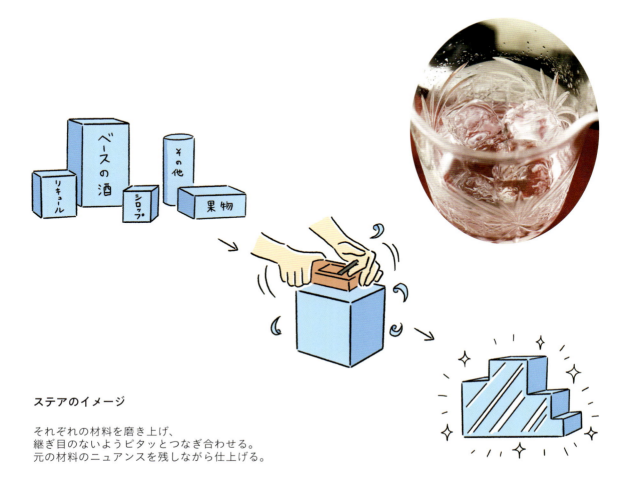

ステアのイメージ

それぞれの材料を磨き上げ、
継ぎ目のないようピタッとつなぎ合わせる。
元の材料のニュアンスを残しながら仕上げる。

◇ ツール

写真左：ミキシンググラスは、ステアのための大型グラスで、安定性と口径の大きさが重要。ストレーナーとの相性や、使用する氷のサイズに見合う最適なものを選ぶ。写真中：バースプーンは、シェイク項で紹介したものと同様。使うたびに、材料を洗い流すための水を満たしたグラスに入れる。この水はこまめに取り替えること。写真右：ストレーナーは、ミキシンググラスにはめて氷を押さえ、液体だけを注ぐためのツール。

ミキシンググラス

バースプーン

ストレーナー

スタンダード　ステア

◇ バースプーンの持ち方、回し方

1 2 バースプーンの先端（カウンターに接している部分）から2/3くらいの位置を親指と人差し指で持ち、薬指で裏側（親指と同じ側）から支え、ほかの指は軽く添える。中指と薬指を前後に動かしながら、バースプーンのねじり加工を利用して素早く回転させる。

腕と手首を固定した状態で親指と人差し指を支点に、中指と薬指の前後運動だけでバースプーンを回す。慣れてくると素早く動かしても中心がぶれず、自然に美しい円すい形を描く。

◇ 氷の組み方

ミキシンググラスに氷をすき間なく入れ、材料を注ぐ。液面から少しだけ氷が出る状態がベスト。氷が多すぎると余分な氷がミキシンググラスの内側に接して希釈が進み、逆に少ないと混ぜる力が足りず、冷えにくい。本書では2cm角の小さい氷を多く使う分、表面積が大きくなり冷却と希釈が進みやすい。この点を勘案して、カクテルごとに最適なステアのスピードと回数を導き出す。

ステアの基本

◇ ステアの手順

1 ミキシンググラスは注ぎ口を左側に向けて中央に置き、右側にストレーナーを置く。**2** 氷の霜取り（以下を参照）が終わったら、材料を入れ、左手でミキシンググラスの下部を支えて、バースプーンを静かに入れてステアする。**3** バースプーンの背が、つねにミキシンググラスの内側をなめらかに沿うように（撮影用に空のグラスを使用）。腕や手首を使わず、指先だけで回転させる。ステアが終わったら、静かにバースプーンを引き抜く。**4** ストレーナーをミキシンググラスにかぶせて（柄は注ぎ口と反対を向く）、カクテルグラスに注ぐ。**5** ストレーナーは、右手の人差し指で押さえる。手の熱で品温が上がるのを防ぐため、ミキシンググラスはできるだけ指先で持つようにする。

◇ 氷の霜取り

1 ミキシンググラスに氷を入れ、霧吹きで3〜4回ほど水（軟水）をスプレーする。氷が湿る程度でよい。**2** バースプーンで軽くステアする。氷の表面が洗われて霜や細かな氷片が落ち、ミキシンググラスが少し冷えたらストレーナーをかぶせて水けをきる。

ステアの分類

材料の混ざりやすさ、味わいの傾向などから5タイプに分類。　　※ステアの回数／時間／仕上がり温度

材料同士が混ざりやすいもの

- もっとも混ざりやすい ───── バンブーなど
  例：バンブー　材料はすべて冷蔵
  11回／17秒間／-1.8℃

- 比較的混ざりやすい ───── マンハッタン、キャロルなど
  例：マンハッタン　材料はすべて冷蔵
  13回／14秒間／3℃

材料同士が混ざりにくいもの

- 材料が多い、または粘性が高い ───── ポーラーショートカット、パリジャンなど
  →プレミックス
  例：ポーラーショートカット　ベルモットのみ冷蔵
  12回／17秒間／3℃

- 冷凍のスピリッツを使用 ───── ギブソンなど
  →多少長めにステア
  例：ギブソン、ジンは冷凍。ベルモットは冷蔵
  15回／20秒間／-3℃

- 砂糖などの固形物を使用 ───── サゼラックなど
  →スピーディに混ぜる
  例：サゼラック　材料はすべて常温
  50回／18秒間／4℃

スタンダード　ステア

> **プレミックスについて**
>
> 上記のポーラーショートカットのように、ステアする前に材料をスニフターグラスなどで混ぜ合わせることプレミックスという。プレミックスの利点は、粘性の高い材料をムラなく混ぜたり、その場で味を確認できたり、氷による加水を最小限に抑えられることなど。また、生クリームや卵白を別に泡立てるものや、冷えた材料を常温のグラスに移して温度を上げたり、空気に触れさせて香りを開かせるスワリングも広義のプレミックスに当たる。プレミックスはステアだけでなくほかの技法でも使われ、いまは広がる傾向にあるという。手数は増えるが、でき上がりの差は歴然としている。

ビルド
Build

グラスに直接材料を入れて仕上げるスタイルの総称。
目的や手法が混在するため共通する技術は少ないが、
技法だけでなく、材料の特性もうまく活用する。

タイプ別に
技法と材料の扱いを整理する

ビルドは、シェイカーなどの器具を使わず、グラスに直接材料を入れてつくるカクテルの総称。シンプルに少ない手数で仕上げるため、技法だけでなく、氷を含めたそれぞれの材料の性質を把握し、目的に応じてその特性を引き出し、うまく活用することが重要となる。どのくらい混ぜるのか、冷やすのか、希釈する必要があるのか、ないのか。さらに、味わいや香りの引き立て方、テクスチャー、ビジュアル面などから総合的に判断して、材料の温度管理や氷の選定を行ない、そこに最適な技法を組み合わせていく。

ビルドの4タイプ

炭酸系	ソーダ、トニックウォーター、ジンジャーエールなどを使った、清涼感のあるカクテル。炭酸の発泡性により材料を混ぜるが、このときに炭酸が抜けないように、注ぎ方や混ぜ方に注意して仕上げる。	（例） ウイスキーソーダ ジントニック モスコーミュール モヒート
水割り、果汁系	酒を水や果汁などで割ったカクテルで、飲みやすく人気がある。比重の差から、とくに果汁や粘度の高いリキュールなどはグラスの底に沈みやすいのでよく混ぜる。	（例） カシスの水割り スクリュードライバー ブラッディメアリー マイタイ
プレミックス	事前に専用のスニフターグラスやブレンダーなどで材料を合わせる工程全般を指す。混ざりにくい材料を混ぜ合わせたり、香りを開かせる目的などで行なう。ビルドでは、オンザロックスのスタイルでよく用いられる。	（例） ラスティネール ゴッドファーザー（マザー） フレンチコネクション
フロート	比重の差を利用して酒の上に酒を重ねたり、水や果汁の上に酒を浮かべたり、グラデーションを演出する手法。酒を何層にも重ねるカクテルは、事前にそれぞれのエキス分を確認しておく。	（例） ウイスキーフロート アメリカンレモネード レインボー

各タイプの手順とポイント

スタンダード　ビルド、ブレンド、仕上げ

◇ 炭酸系　炭酸の発泡性で混ぜる。炭酸が抜けないように

point
- 氷に直接当てないよう静かに注ぐ
- 炭酸が抜けるので混ぜすぎない
- 材料をよく冷やしておく

1 グラスに角氷3個を入れ、ベースの酒を注いで軽くステアして冷やす。炭酸が直接氷に当たらないよう、グラスの縁近くから静かに注ぐ。先に入れた酒に向けて注ぐとよく混ざる。**2** バースプーンで下から氷を一度だけ持ち上げ、そのまま上下に2～3回動かして混ぜる。**3** バースプーンを静かに抜く。

◇ 水割り、果汁系　酒や果汁が沈まないようによく混ぜる

point
- 氷に直接当てないように注ぐ
- グラスの底からよく混ぜる
- 材料をよく冷やしておく

1 材料は直接氷に当てないように注ぐ。先に注いだ酒などに向けて冷えた水や果汁を加えると、対流が起きて混ざりやすくなり、希釈が抑えられる。**2** グラスの底近くから液体上部まで、バースプーンを上下に3往復くらいすると対流が促がされ、よく混ざる。

◇ プレミックス（オンザロックス）

ベース酒の香りを開かせ、まろやかにする

point
- 空気に触れさせて香りを立てる
- 遠心力を利用して混ぜる
- 丸氷など溶けにくい氷を使う

1 2 材料を専用のスニフターグラスに注ぎ、グラスの脚を持って反時計まわりに回す。**3** しっかりと混ざり、香りが開いてきたら氷を入れたロックグラスへ移す。**4** さらになじませて冷やすため、軽くステアする。溶けにくい丸氷を使うと、スピリッツ本来の味わいを長く楽しめる。

◇ フロート

比重の差を利用して層をつくる

point
- バースプーンは腹側を使う
- 重い（エキス分の多い）ものから

1 ボトルから直接、バースプーンの腹側をつたわせて、先に注いだ液体の上に静かに注ぐ。背より腹を使うほうが量の加減がしやすい。**2** 比重の大きい（重い）ものから先に入れ、順に軽いものを重ねると層ができる。これとは逆に、最後に比重の大きい液体を沈めるグラデーションスタイルもある。

ブレンド
Blend

電動ブレンダーを使用して、機械の強い力で撹拌する技法。フローズンカクテルやフレッシュフルーツなどに用いられ、材料を素早くつぶして混ぜることができる。

スタンダード　ビルド、ブレンド、仕上げ

クラッシュドアイスの最適な量を見極める

ブレンドは機械を使い、素材を力強く粉砕して混ぜる技法。とくに繊細な舌触りのフローズンカクテルをつくるのに電動ブレンダーは欠かせない。主に、氷を使うフローズン系と、それ以外の果物や野菜などを使うものに大別できる。フローズンカクテルの決め手はクラッシュドアイスの量で、たとえるならフランス料理の「ソースにおけるバターの量」。入れすぎると重く食感が悪くなり、少なければ濃度が出ず、シャバシャバして味が締まらない。その間のちょうどよい加減を見極めるのがポイントになる。

◆氷が入るタイプ

フローズンマルガリータやフローズンダイキリなどのフローズン系カクテルに。

・アルコール度数
　一般的に、アルコール度が高いほど仕上がりはなめらかになるので、理想とする口あたりとアルコール度の関係をよく理解しておく。ノンアルコールはとくに固くなりやすいので注意する。

・素材の水分量
　フルーツを加える場合、水分量が少ない（ミキサーにかけるとドロッとする）バナナ、マンゴー、イチジクなどは氷が多いと仕上がりが固くなるので、氷の量をできるだけ減らす。

・味の調節
　氷とともにブレンダーにかけるということは、水を加えることに等しい。そのため、でき上がりの味がぼやけないよう、濃いめに調整する。

◆氷が入らないタイプ

ウオッカとトマトをブレンダーで混ぜてからシェイクして冷やすブラッディメアリーや、泡立てた卵白が入るウイスキーサワーなどで使う。プレミックスの一種。

◇ ツール

すえ置き型や手入れのしやすいハンディタイプなど、さまざまなブレンダーが出回っているので、氷を砕くことができる使い勝手のよいタイプを選ぶ。写真のハンドブレンダーは、フローズン系の仕上がりがきめ細かく、氷片が残るなどのバラつきがない。

◇ ブレンドの手順

専用カップに材料を入れて一度撹拌し、味をみて適量のクラッシュドアイスを加える。アルコールや糖の量が少ないと氷が固く締まるので、とくにノンアルコールは注意する。氷が入らないタイプは材料を入れてそのまま撹拌する。ブレンダーを使用するときは、中身が飛び散らないようカップの上を左手で押さえる。これは消音効果にもなる。

カクテルの仕上げ

各種のピールやガーニッシュ、リムドなど香り付けやデコレーションにより、カクテルをより美しく、飲みやすく仕上げる。

◇ ピール（グラスに入れない）

かんきつ類の果皮にある油分（香気成分）を飛ばしてカクテルに香り付けすることを、ピールまたはツイストと呼ぶ。丸く切り取った果皮（丸ピール）を親指と中指ではさみ、裏側から人差し指で支えて指先でつぶすように搾る。グラスの縁の下からピールを振ることで、重い苦み成分がカクテルに入らず外側に残り、香り成分だけがグラスの上面に漂う。そのままグラスの上に半円を描くようにしてピールを運ぶ。真上から見ると手前側1/4ぐらいを通るように。

◇ ツイスト（グラスに落とす）

1 短冊形にカットした果皮（角ピール）を用意する。苦み成分がグラスに入らないよう、5cmほど離れた位置から両手でひねって香り付けし、**2** グラスの中へ落とす。角ピールは両手でしっかり搾れるため香りの持続性が高い。トムコリンズなどに使用。

◇ カットレモン

1 くし形にカットしたレモンは、果肉を下（グラス側）に向けて右手の親指と人差し指・中指とではさむ。**2** 果汁が周囲に飛ばないよう左手で覆いながら、搾ってそのままグラスに落とす。

◇ リムド

1カットしたレモンの断面をグラスの縁にあてて果汁をつける。その際、左手のレモンを固定し、右手のグラスのほうをぐるりと1周させる。**2**小皿に塩を薄く広げ、先ほどのグラスを回しながら均等につける。グラスの縁を終始、下に向けておくと果汁が流れることなく、作業動線も短縮できる。

グラスの縁に軽く塩が乗るようなイメージで。塩の粒子の大きさ（粗さ）、どのくらいの量をつけるかは、カクテルによって決める。

◇ ガーニッシュ、デコレーション

カクテルに添えるものの総称で、その味わいや香りに少なからず影響を与える。オリーブは辛口、チェリーは甘口のカクテルに使うことが多く、味わいの調和と見た目のバランスを考えて選定したい。食べ終わったときのために小皿やナプキンなどを添える。

◇ グラスチルド

オーダーが入ったらすぐに、冷凍庫にグラスを入れて冷やす。カクテルをつくる1〜2分の間にほどよく冷えるので、長時間入れておく必要はない。基本はショート用だが、氷を入れずにつくるロングカクテルはタンブラーを冷やしてもよい。

スタンダード　ビルド、ブレンド、仕上げ

カウンター内の道具配置　「Bar Noble」の場合

下の図は、客席からは見えないバーカウンター内と、その下の冷凍・冷蔵ストッカーの道具や材料の配置を記したもの。よく使うシェイクとステア用のツールを中央付近に置き、その他も使いやすくまとめている（図の上部が客席側）。

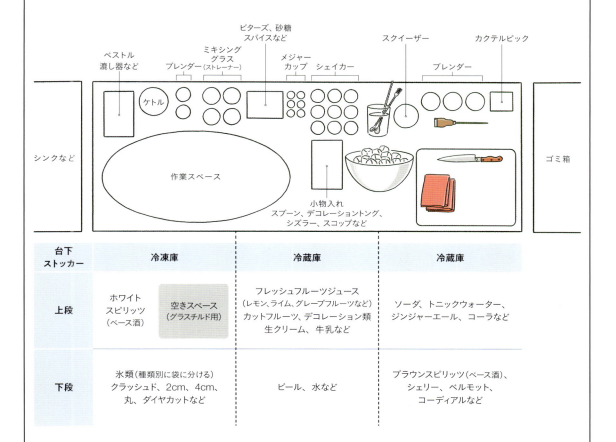

台下ストッカー	冷凍庫		冷蔵庫	冷蔵庫
上段	ホワイトスピリッツ（ベース酒）	空きスペース（グラスチルド用）	フレッシュフルーツジュース（レモン、ライム、グレープフルーツなど）カットフルーツ、デコレーション類生クリーム、牛乳など	ソーダ、トニックウォーター、ジンジャーエール、コーラなど
下段	氷類（種類別に袋に分ける）クラッシュド、2cm、4cm、丸、ダイヤカットなど		ビール、水など	ブラウンスピリッツ（ベース酒）、シェリー、ベルモット、コーディアルなど

無駄のない動線

まな板の上でカットしたフルーツを、目の前のブレンダーに入れ、残った皮などはすぐ隣のゴミ箱へ捨てる。こうした無駄のない動線は作業効率をアップし、時間短縮につながる。ゴミ箱はカウンターの奥行きに収まるように設置すると、すれ違うときなど邪魔にならない。

小物類をまとめる

よく使う小物類をまとめておくのも、作業を効率化するポイント。ケースに仕切りがあり、道具を立てておけるタイプだと、使う状態ですぐに取り出せて便利。

仕込みと副材料

氷やかんきつ類、ハーブなども
カクテルを構成する大切な要素。
効率的でていねいな仕込みを心がけたい。

氷

氷は単に冷やすだけでなく、
液体を混ぜる道具であり、カット氷は
直接お客さまの目に触れる商品でもある。
成形したら冷凍庫で半日〜1日かけて
固く締め、溶けにくくする。

◇ ツールと持ち方

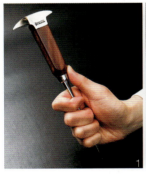

1 アイスピックは、慣れるまでは刃先に近い部分を握って持つ。ピックの先端が少し出る程度に。**2** 慣れてきたら柄を持つ。先端をしっかり意識して扱うこと。**3** 3本爪のタイプは丸氷などを手早く削るときに便利。

大きな氷を切り出したり、成形するための包丁や小型ナイフ、営業中に氷をストックするザルとボウル、アイスシャベル、トングなどを用意する。

◇ 角氷

もっとも高頻度で使う形状。
本書では2cmと4cm角を使う。

4cm角

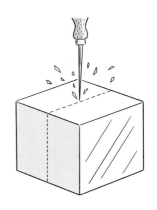

1貫目を16分割した氷からつくる。アイスピックも包丁もカットの方法は同じで、氷の目（結晶）に向けて刃先を垂直に振り下ろして氷を割る。手早く作業を終え、種類別に丈夫なビニール袋（ジップロックなど）に分けて−20℃の冷凍庫で保管し、使う直前に−10℃に移す。氷は一度締めてから温度を上げると扱いやすい。

◆アイスピックを使う

◆ナイフを使う

2cm角

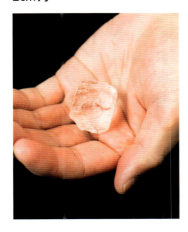

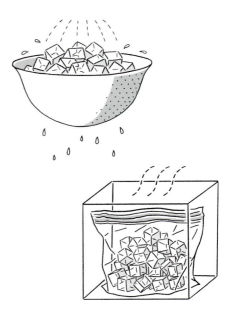

2〜2.5cm角氷は、市販のダイヤアイスをザルに入れ、軽く水で洗って好みのサイズにそろえてからビニール袋に移し、一晩冷凍庫で締めてから使うようにする。2段振りのシェイクやステア全般に、もっともよく使用する。

スタンダード　仕込みと基本動作

◇ ダイヤカット

ロックスタイルなどに使う
シャープな仕上がり

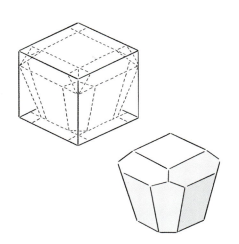

1 立方体の氷を用意し、縦4面の下1/4ほどを包丁で切り落とす。**2** 上下を返して、残り3/4も同じように4面とも削る。**3** 削り出してできた上下8本の線の部分を、それぞれ斜めにカットする。**4** 最後に上下を落としてバランスを整える。使用する直前に、−12℃前後まで温度を上げておくと霜を落としやすい。

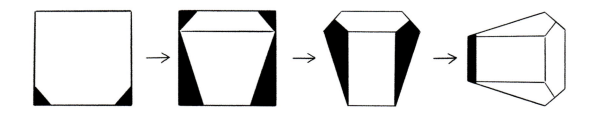

◇ 丸氷　もっとも溶けにくい形。ロックに向く、美しい球体

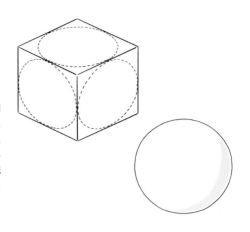

1 3本刃のアイスピックを使用し、すべての角を落としていく。**2** 氷を回しながら、丸い形に整える。**3** さらに小型ナイフでゆがみのないように削る。**4** 軽く水で洗い、手の中で転がしながらなめらかな球体に仕上げ、冷凍庫で固く締める。

1

2

3

4

◇ クラッシュドアイス　フローズンカクテルやモヒートの涼感を演出

市販のダイヤアイスを、アイスクラッシャーにかけてつくる。クラッシャーがない場合は、氷を丈夫なビニール袋に入れてタオルをかぶせ、上からペストルなどで叩いて砕く。

スタンダード　仕込みと基本動作

かんきつ類ほか

かんきつ類はデコレーションや香り付けなど、果汁から表皮まで余すところなく使いこなしたい。そのほかの主な副材料をまとめておく。

ワックスを落とす

ボウルに水を張り、1/5ほどに希釈した中性洗剤を使って硬めのスポンジで表皮を洗う。皮のベタつきが取れるまで、こすり落とすようなイメージで。

◇ ジュース

苦みが出ないよう、搾り方に注意。力強く回したり搾りすぎたりしない

1. レモンは縦半分にカットし、中央の白い芯はV字に切り込みを入れて取り除く。2. 果汁が出やすくなるように、刃先で切れ目を入れる。3. 実をスクイーザー中央の突起部に当て、上からやさしく押す。位置を少しずつずらしながら、まんべんなく搾る。強くひねりながら搾ると苦みが出るので、上から押すだけ。4. 漉しながら容器へ移す。

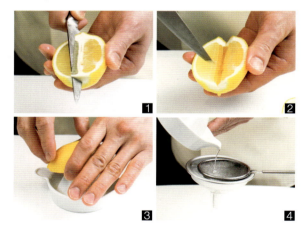

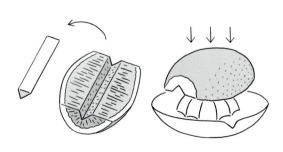

パイナップル

1. パイナップル(生)は皮と芯を厚めに除き、カットしてプレス式のジューサーに入れる。多いとつぶしにくいので、半量くらいまで。2. 圧搾して、漉しながら容器に移す。スイカなどもこの方式で。

◇ カット、スライス

グラスの中や縁に飾ることもあるので、見映えよく仕上げる

1 レモンの上下を切り落とし、縦半分に切ってから、さらに縦4等分のくし形に切る。**2** 白い芯の部分を切り落とし、種があれば除く。**3** 中央に切り込みを入れると搾りやすく、果汁も出やすくなる。**4** スライスは、中心部のみを使い1mmほどの輪切りにする。

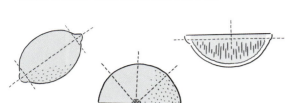

◇ ピール

主に香り付けに。レモンやライムなどでつくる

1 レモンの表皮を薄く切り取り、渋みが出る裏側の白い部分をそぎ落とす。取りすぎると搾りにくいので少し残す。**2** 短冊（4×1cm）や丸（直径2.5cm）など好みの形に整える。

ピール類は、タッパウエアに軽く湿らせたキッチンペーパーを敷き、その中で保存する。

◇ よりピール

オールドファッションなどに使うスパイラル状のピール

1 オレンジの皮をやや長めに切りとる。**2** 周囲をカットして、平行四辺形（9×1.5cm）に整え、好みで中央に切り込みを入れる。**3** 両端から均等な力でひねり、強い「より」をかけた形状にする。

スタンダード　仕込みと基本動作

043

◇ レモン皮のらせん

ホーセズネックなどに。
レモン1個分を使った飾り

1 ヘタのほうから皮を切り出し、上部は果肉が少し入るようにする。**2** 途中で切れないように、端までらせん状にむく。**3** 切り出した皮の両端をカットして、1～1.5cm幅に整える。**4** ヘタの部分をグラスの縁にかけ、内側にらせんを描くようにセットする。提供するときは、先にレモン皮を入れてから液体を注ぐ。

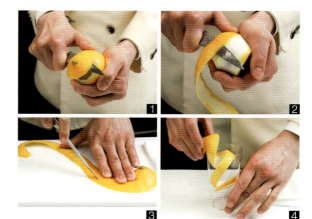

◇ ハーブ（ミント）

1 ザルにミントを入れ、流水で軽く洗う。**2** 水けをよくきり、キッチンペーパーの上に広げてそのまま容器で保存する。モヒートなど多量に使うカクテルもあるので準備万端に。

◇ シロップ（自家製）

グラニュー糖と水（軟水）の割合は5：3。鍋に入れて中火でひと煮立ちさせ（沸騰させない）、グラニュー糖が溶けたら火を止める。冷めたら容器へ移して冷蔵庫で保存。

◇ ビターズ（ホームブレンド）

ノールドオレンジビターと、アンゴスチュラオレンジビターを1：1で混ぜて使う。ネグローニ、スプモーニなどで使用。

◇ ガーニッシュ

チェリー類は水洗いしてシロップを落とす。オリーブも直前に軽く洗って塩味を落とすが、そのまま使うカクテルもある。グリオッティンは風味を活かすため洗わずに使用。

副材料

◇ 炭酸類

左から、ソーダ、トニックウォーター、ジンジャーエール。いずれも山田さんが開発に携わった地元横浜のソーダメーカー「オリヅル」の商品。

◇ 砂糖

左から、グラニュー糖、和三盆糖、上白糖。ショートカクテルの場合、液状のシロップよりも和三盆糖のほうが凝縮した味わいに仕上がる。

◇ 塩

左から時計まわりに、トリュフ塩(トリュフマティーニの仕込み、ブラッディメアリーのリムド)、海塩(マルガリータ)、岩塩(ソルティドッグ、ブラッディメアリー)。

◇ 乳製品

牛乳、生クリーム、バターなど。アイリッシュコーヒー、ホットバタードラムなど寒い季節に人気のホットカクテルや、口あたりのやわらかい生クリーム系カクテルに使われる。

◇ スパイス

ピンクペッパー、クローブ、シナモンスティック、ナツメグ。ワイングロッグなどのホットカクテルや、乳製品を使ったカクテルのアクセントなどに。

◇ その他

自家製グレナデンシロップ、卵、生クリーム、コーヒー豆、ホットバタードラム用のブレンドバター。

基本の動作

流れるような美しい所作は、
それだけでバーの「商品」になる。
くり返し練習し、なめらかな動作を身につけたい。

◇ ボトルの開閉

1 左手でボトルのネックを持つ。**2** 右手でボトルの胴を持ち、左手をキャップに巻き付けるようにしてしっかりとつかむ。**3** 両手をボトルの外側へ向かって回転（右手は右回り、左手は左回り）させながら、なめらかに開ける。**4** キャップは左手の親指と人差し指の間にはさんだまま、右手で注ぐ。

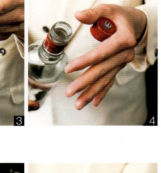

◇ ボトルの口の拭き方

注ぎ終わるたび、トーションでボトルの口を拭いてからキャップを閉める。ベタつく場合は濡れたおしぼりなどが便利。

◇ メジャーカップでの量り方、注ぎ方

1 メジャーカップのくびれた部分を、人差し指と中指とではさんで、親指で下部を支える。ボトルのキャップは指にはさんだままで、正確に量るため水平を保つ。**2** グラスの縁になるべく近い場所で、ボトルから直接注ぎ入れて計量する。**3** メジャーカップを手前から向こう側へ傾けて、**4** 脇を締めながら手首を返し、最後の一滴まで注ぐ。

◇ バースプーンでの量り方

◇ 目分量の方法

1 バースプーン1杯(1tsp.)は約5ml。勢いよく注いであふれさせないよう注意する。**2** スプーンの位置はできるだけ動かさず、くぼみ部分(腹)を手前から向こう側へ返して注ぐ。

メジャーカップなどの計器を使わない、目分量のトレーニングもしておこう。注ぎ口から流れる液量幅や勢いなどを目測し、それぞれ体感で身につける。

◇ トングの持ち方

1 カウンターの上にあるものを取るときの持ち方。**2** シンクなど、カウンターの下にあるものを取るときの持ち方。ひじを上げず、どちらも素早い動きができるように練習する。

◇ ビターズボトルの振り方

1 右手の人差し指と中指でボトルの上部をはさみ、親指でふたの部分を押さえるようにして持つ。**2** 左手をミキシンググラスに添え、右手で一気にビターズボトルを逆さにする。数滴振り出す場合は、垂直に上下に振る。1振り(1dash)は約1ml、ボトルを逆さまにして自然に落ちる1滴(1drop)は約1/5ml。

◇ ペストルの扱い

ペストルは果物やスパイス、ハーブなどをつぶし混ぜる、すりこ木のこと。本体の材質(木、ステンレスなど)、先端の加工(樹脂や突起など)、サイズもさまざまなタイプがあるので目的に合わせて選ぶ。しっかり握りこんで上部を親指で押さえ、押してつぶす。

◇ グラスの拭き方

ロング

1 二つ折りにしたグラスタオルの両端を持って広げ、左手でタンブラーの底を支える。**2** 右手の小指で、タオルの端をひと巻きする。**3** グラスの底までタオルを詰めて、右手の親指をグラスの中に入れる。**4** 残りの4本の指はグラスタオルの外側からグラスを押さえ、左右の手を交互に逆方向に回してグラスの内外ともに拭く。

ショート

1 右手でステム（脚）を持ち、左手で二つ折りにしたグラスタオルをカップの中へ入れ、親指を入れて拭くように持つ。**2** 右手を逆手にしてタオルの端でステムを持ち、左右の手を逆方向に回しながらカップの内外を拭く。**3** ステムからフットプレートまで拭き上げる。**4** 拭き終わったら、指紋をつけないように注意して扱う。

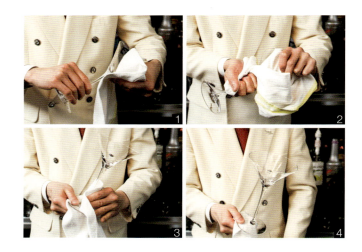

◇ グラスの洗い方

中性洗剤をつけたスポンジでグラスの汚れを落とし、30〜40℃ほどのぬるま湯で充分にすすぐ。中性洗剤は1/5に希釈したもので、薄めたほうが泡のきれがよい。油汚れが少ないバーでは効率的だ。

◇ シェイカーの洗い方

1 中性洗剤をつけたスポンジでボディ、ストレーナー、トップをよく洗う。**2** ストレーナーはメッシュ部が詰まりやすいので、爪楊枝などで掃除する。**3** 素早く次の動作に移れるよう、ボディにストレーナーとトップを裏返してセットする。

◇ ナイフの研ぎ方

1 あらかじめ砥石を30分間ほど水に浸けてすべりをよくし、下にふきんなどを敷いて砥石が動かないようにする。**2** 刃先を押さえる指は添える程度に。片刃か両刃か、もっているナイフ、包丁に合わせた研ぎ方を。週に1度は研ぐ。

付け根から先端までまんべんなく研ぐ山田さんの場合、上面が7割で少し角度を付けて、裏側は3割ほどで角度は付けない。

スタンダード　仕込みと基本動作

Martini...p.106

French Connection...p.118

Jack Rose...p.110

Great Sunrise
...p.118

Frozen Daiquiri
...p.119

Whisky Sour
...p.119

Singapore Sling
...p.117

Old Fashioned...p.109

American Beauty...p.110

Salty Dog...p.112

Gin and Tonic...p.111

Bamboo...p.113

Polar Short Cut...p.113

Brandy Blazer...p.116

Hot Buttered Rum Latte...p.115

Mojito...p.111

Sidecar...p.107

Red Viking...p.115

Sazerac...p.117

Alexander...p.110

Margarita...p.108

Manhattan...p.106

White Lady...p.107

Fresh ingredients

素材から発想するカクテル

素材から発想するカクテル
味づくりの基本とレシピの組み立て

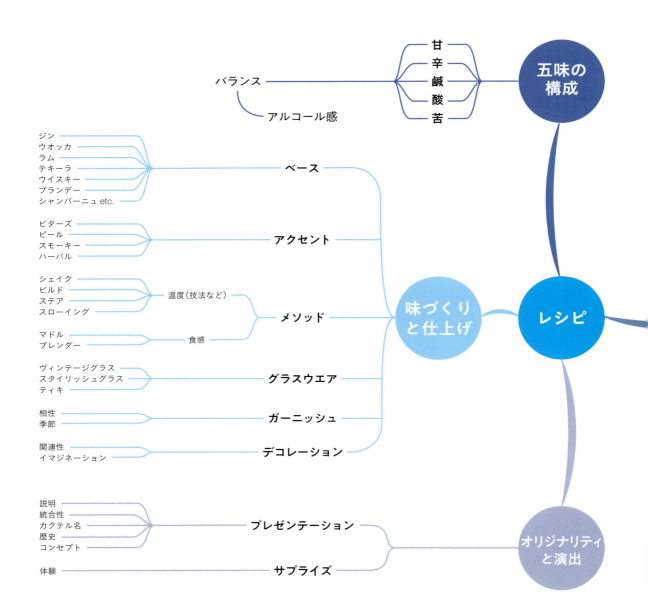

下の図は、宮之原さんがレシピを考案する際、アイデアを補強するための各要素と、そこから派生・展開した具体例を記したもの。フレッシュフルーツカクテルが定着した現代において、素材の美点をどのように引き出し、組み合わせ、完成度を高めるか。おいしい果汁でつくる以上の、明確な味づくりの指針と発想のオリジナリティが求められている。

フレッシュ素材

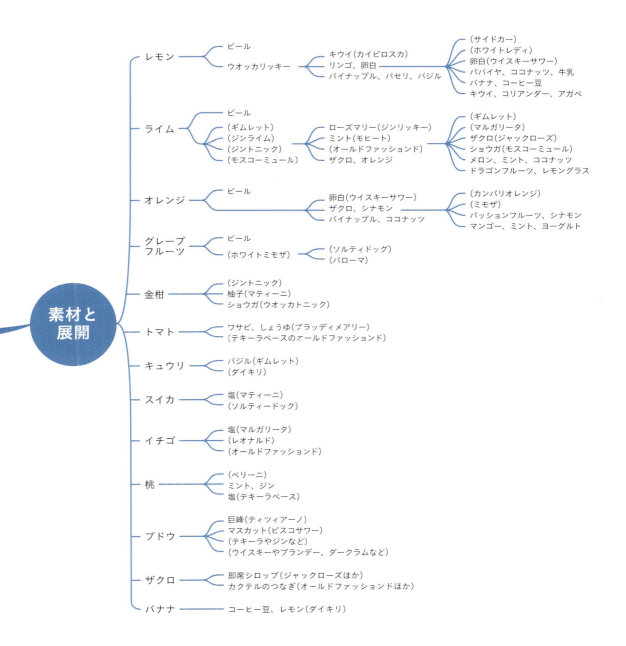

五味とは

五味とは、酸・苦・甘・辛・鹹。つまり、酸っぱい、苦い、甘い、辛い、塩辛いという5種の味のこと。ここではカクテルの材料であるフレッシュフルーツやハーブ・スパイス、ベースの酒などをこの五味に振り分け、オリジナルの解釈を加えながら、味づくりで参考にしたいポイントを解説する。

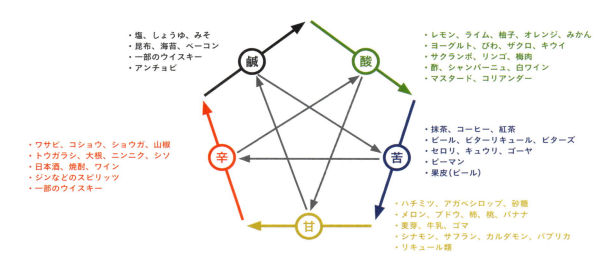

◇ 味の組み方のヒントに

五味はまた、互いに作用しあう関係にある。外側をぐるりと結ぶ五角形と、向かい合う項目を星形に結ぶ2つの異なる働きがあり、五角形を時計まわりに進むのが相生(そうしょう)で互いの効果を高め、対する星形は相剋(そうこく)で機能を抑制する。甘いものと辛いものや、塩けと辛みとが互いに引き立て合ったり、またその逆に、酸味が強すぎたら甘みで和らげる、甘みが強すぎたときは塩けでバランスをとるなどの例がわかりやすいだろう。

相生…互いの効果を高める

(例)ゴッドファーザー
スコッチウイスキーの辛さをアマレットの甘みで引き立てる。

相剋…機能を抑制する

(例)キールロワイヤル
シャンパーニュの酸味を甘いカシスリキュールで和らげる。

◇ 図形的にとらえる

もうひとつは、宮之原さん独自のとらえ方で、上図の五味をレーダーチャートのように用いる方法。それぞれ味の強弱を図形的に把握することで、バランスを変えたり、構成を複雑化(あるいは簡素化)したり、個体差のあるフルーツを活かしながら味の再現性を高めることにも役立つ。カクテルごとに多様なバランスで成り立っているのが確認できる。

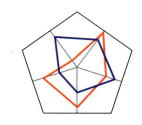

技法について

フレッシュ素材でカクテルをつくる場合、すべての技法を
「素材を引き立てる」という観点から再度とらえ直す必要がある。
どのような方法が素材のもち味を最大限に引き出すのか、
仕上がりのバランスや味わいを思い描きながら、
柔軟に最適な技法を見極めたい。

基本4技法の活用

あくまでもメインは素材のため、基本の技法のみがフォーカスされることは少ないが、フレッシュ素材をペストルでつぶして次の展開がしやすいボストンシェイカーや、素材を急速に粉砕・撹拌するブレンダーなどは多用される。また、基本の4技法のエッセンスや考え方は、別の技法にも通じるだけでなく、実際にさまざまな技法の中にとり入れられているのでしっかりと身につけておきたい。

注目したい技法

◇ エアレーション

ボトルの口にポアラーを付け、高い位置から液体を細く注ぐ。ポアラーからは、つねに一定量が線状になって落下し、これらが液体にぶつかりながら混ざることで空気を含んで口あたりがなめらかになる。気泡を多く含んだ液体は副材料と混ざりやすく、また、余分なエチルアルコールが揮発することで、香り高い一杯に仕上がる。

主な用途
ジントニックやモスコーミュールをはじめ、
ほぼすべてのカクテルに。

◇ スローイング

パイントグラスやティンなど、同じサイズの2つの容器を使い、液体を投げ入れるようにして交互に移す技法。液体に空気を含ませつつ、練り込むように回転を加えることでなめらかに仕上げたり、素材の香りを引き立たせる効果がある。フルーツはより甘く、まろやかな味わいに。

主な用途
味のやわらかさ、一体感を出したいときに。
ブラッディメアリー、ソルティドッグなど。
ブラッディメアリーはトマトと水分、酒が分離しやすいので、スローイングでトマトに酒を練り込むイメージ。
シェイクだと分離してしまう。

1 氷が入っている方のティンに液体を移す(戻す)。**2 3** 空のティンに液体を移すために、上半身をひねって勢いをつける。これによって投げ込むときに液体に回転がかかる。**4 5** 液体の軌道をつくりながら、回転を加えつつ投げるようにして空の容器に移し替える。最後は氷が入っている方のティンを戻して液体を「切り」、動作にキレを出すのと同時に、次の工程に移りやすくする。最初に戻り、一連のプロセスを数回くり返す。

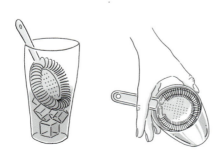

ストレーナーは耳のないタイプ(ノープロングス)を使い、氷を押さえるようにしてティンに入れる。右手の人差し指でストレーナーの柄を押さえながらティンを持つ。

point!

最初は真下に「落とす」ようにして、慣れてきたら斜め下方向に「投げる」感覚で移し替える。液体がしっかり回転するイメージを忘れずに。

◇ スウィズル

クラッシュドアイスを使うカクテルを、空気を含ませながらグラス内で急速に冷やす技法。材料とクラッシュドアイスをグラスに入れ、中央に専用のスウィズルスティックを挿し入れて両手ではさむように持ち、摩擦熱で火をおこすようにして、グラスの外側に霜がつくまで高速回転させる。抽出した素材の旨みや香りを活かし、空気を含ませてなめらかな口あたりに仕上げる。

主な用途
モヒート、ミントジュレップ、ティキカクテル、その旨みが活かせるピールやハーブをグラス内で抽出するカクテルなど。

先端が5〜6本に枝分かれしているスウィズルスティック。発祥の西インド諸島にある植物の枝からつくられ、カリビアンスタイルのカクテルには欠かせないツールだ。

◇ マドル

ペストルでフルーツやスパイス、ハーブをつぶしたり混ぜたりする技法。つぶし加減を自在に調節できるので、イメージに近い食感や成分の抽出が可能になる。かんきつ類の果肉や皮をつぶして、果汁や皮の油分をカクテルに加えるときなどに使う。また、ブレンダーにかけると酸化が進み褐変してしまう桃などは、ペストルで食感が残る程度につぶすとテクスチャーが楽しめるだけでなく、色が保てるので仕上がりが美しい。

主な用途
ビルドでつくるフルーツのカクテルや、フルーツの食感を残したいときに。

フレッシュ素材

素材のもち味を引き出す

入荷後の扱い方によって、素材は大きく変化する。
適切な洗い方や保存により、素材のもち味を最大限に引き出そう。
フルーツは果皮などに経時変化が現れるので、
その状態に応じて最適な活用法を考えたい。

ハーブ・スパイス

◇ 洗い方

1 ハーブはボウルに入れてやさしく洗い、冷水を加えて再度、軽く混ぜる。数分おいて、水を吸わせる。**2** ザルに上げ、水けをしっかりときる。口径が同じザルやボウルを合わせてよく振るとよい。**3** ふきんに広げ、表面の水分がなくなるまで10〜15分おく。ビニール袋で二重、三重に包んで冷蔵庫内の直接冷気が当らない場所で保存する。

◇ 保存方法

密閉式のプラスチック容器の内側を濡らしてから水をきり、ハーブを傷めないようにふわっと入れる。詰めすぎたり、逆に少ないと空間が広くなり空気に触れて傷むので注意。営業中は透明な容器に保存することでディスプレイを兼ねる。終業後はビニール袋に入れて冷蔵庫へ。ハーブの生育環境に近づければ長持ちする。

◇ スパイス類

左から時計まわりに、高麗人参、鷹の爪、シナモン、スターアニス、カルダモン。密閉容器に入れて、湿気とともに熱や光を避けて保存する。

かんきつ類

◇ 時間の経過による変化（ライム）

入荷直後は表皮にツヤとハリがあるが1週間もすると次第に落ち着き、外見から房の境が確認できる。2週間後にはツヤがなくなり皮がしぼんで全体が締まってくる。日数はあくまでも目安だが、時間が経ち、酸味が落ち着くと甘みや旨みが感じられるようになる。以下は、かんきつ類にほぼ共通してみられる味わいの変化と、扱い方のポイント。

入荷直後
酸味が強い・甘みが少ない・苦みが出る・ピールが出る状態。ギムレット、ジンライム、ジントニック、モスコーミュールなどで使用。

1週間後
果汁が出る・香りが出る・ピールはあまり出ない状態。モヒート、ジンリッキーなどで使用。オールドファッションドなどに。

2週間後
ほどよい酸味に落ち着き、フルーツカクテルのつなぎや、プレミックスの材料として使用。ジャックローズなどに。

◇ ピールのとり方と保存（レモン）

入荷すぐに表皮をピールに使い、そのままおいて酸味が落ち着いてからジュースを搾る場合は、皮の下の白いワタ部分が保水に役立つので取りすぎないこと。ピールでは苦みが出るのでこの白い部分を除く。ラップフィルムでぴっちりと包み、冷気の当たらない冷蔵庫内で保存する。

◇ ジュースを搾る（オレンジ）

ジュースを搾るときは縦方向に半分に切り、房がすべて見えるように中央を大きくV字にカットする。中心の白い部分を搾ると苦みが出るので取り除く。実の中心をスクイーザー中央の突起部に当て、指先でやさしく押して少しずつ位置をずらしながら搾る。強く押しつぶしたり、ひねりながら搾らないこと。

フルーツ・野菜

◇ 追熟と見極め

フルーツや野菜をしばらくおくと、鮮やかな色や強い香り、甘みが出て、果肉がやわらかくなる。果肉のデンプン質やペクチン類が酵素などで分解され、糖に変化するためだ。これが追熟で、適温は15〜20℃、風通しがよく直射日光の当たらない場所に置く。味のピークを見極めるには、バナナは皮にシュガースポットと呼ばれる斑点が現れたり、トマトは赤みが増して果肉がやわらかくなるのを確認すること。また、追熟しないブドウなども、軸のグリーンが茶色に変わると皮の実離れがよくなり、適度に味わいが凝縮することでカクテルに使いやすくなる。

◇ 追熟に向かないフルーツ

当然ながら、すべてのフルーツや野菜が追熟に向くわけではない。柚子の特徴的な芳香や、金柑の「ほの苦み」はすぐに抜けてしまうため、どちらも1週間ほどで使いきる。イチゴも果皮が薄く、乾燥に弱いため入荷後すぐに使う。

追熟に向くフルーツ

追熟・またそれに近い効果が得られるフルーツ・野菜の一例。写真の右側ほど熟した状態。具体的な使用法はp.120参照。

フレッシュ素材

グレープフルーツ　オレンジ　レモン　ライム
メローゴールド　デコポン　リンゴ　柿
トマト　ザクロ　ショウガ　バナナ
パッションフルーツ　イチジク　モモ　マスカット
巨峰　ドラゴンフルーツ　パイナップル

扱い方のコツあれこれ

◇ 軽くたたいて香りを立てる

ミントは押しつぶすのではなく、ペストルで軽くたたいて香りを出す。手でひねるようにつぶすと、その場は香りが立つが次第にえぐみが出る。

◇ 葉脈をしごいて香りを出す

液体の中に入れず、飾ったり浮かべたりするハーブは、葉脈をしごくようにして香りを出す。水を吸い上げるのと同じ方向に。

◇ 手で皮をむく

品種にもよるが果肉のやわらかい桃などは、完熟すると手で皮をむくことができる。この方が実を傷めず、果汁の歩留まりもよい。

◇ 皮を焼ききってむく

イチジクは真っ黒になるまで皮をバーナーであぶってから水に浸けて手でこすると、簡単につるんと皮がむける。和食の技法を応用したもの。

◇ 水中で実をはずす

ザクロの実をつぶさず、効率よく取り出すには、水を張ったボウルの中で皮をむくとよい。周囲も汚れず、素早く作業ができる。

◇ ライムの皮を拭く

ジントニックなどで搾ったカットライムをグラスへ入れる前に、皮をナプキンで拭く。ライムの皮はローズマリーやユーカリのような特有の香りがあるが、拭くとミントのような香りへ変化する。

◇ 食感のコントロール

スイカのザクザク感、桃のつるりとやわらかいテクスチャーなど、素材の特徴を強調できるのもカクテルならでは。ブラッディメアリーは、トマトの濃厚さとざらっとした喉ごしを残すように、あえて目の粗い漉し器を使う。

◇ 少ない氷で冷やす

冷蔵庫に入れると甘みが弱まるため、基本的にフルーツ・野菜は常温保存する。冷やすときは、氷水に浸けたり、仕上げ時に加水の少ない大きめの氷1個でシェイク。

ジントニック
Gin & Tonic

表皮の油分を拭きとることで
ライムの皮からミントの香りを引き出す。
軽やかなアロマが心地よく続く。

カットライム……1/6個
ジン(ロンドンドライ)……45ml
トニックウォーター……適量
ソーダ……適量

1　よく冷えたタンブラーに氷を入れ、ステアして水を捨てる。
2　1にライムを軽く搾り入れ、その表皮をナプキンで拭く(p.79参照)。
3　ジンを注いで軽くステアし、ライム果汁とジンをなじませる。
4　炭酸が直接氷に当たらないように、氷のすき間からトニックウォーターを注ぐ。さらにソーダを加えて炭酸の泡で混ぜ合わせる。
5　1回転だけステアし、2のライムを氷とグラスの間に飾る。

point

○入荷後間もないライムを使用。えぐみが出るので、力強く搾らない。
○果汁を搾るときは、ピール(表皮の香り成分)がグラスに入らないようにする。搾った後に皮の油分をナプキンで拭きとると、ミントのような香りが現れる。
○最初に搾ったライムをグラスに落とし、その上に氷を組む方法もあるが、最後に飾ることで香りが活きてくる。
○ソーダとトニックウォーターはボトルごと氷水に浸けて(ドブ浸け)よく冷やしておく。トニックウォーターだけだとやや甘いので、ソーダを加える。

ベリーニ
Bellini

とろりと熟れた桃の食感ごと味わう。
色や味を調整するための副材料を加えず
ナチュラルで洗練された仕上がりに。

桃（白桃）……1/2個
シャンパーニュ……100ml

1. 桃は皮をむいて5〜6mm幅にカットし、ボストンシェイカーに入れてペストルで食感が残る程度につぶす。
2. 大きめの氷1個を加えて、シェイクする。
3. 氷を取り出し、冷えたシャンパーニュを静かに注ぐ。
4. 3を冷えたワイングラスに注ぎ入れる。

point

- 桃は追熟させ、充分に甘みがのってから使う。白桃系が使いやすい。桃は冷蔵庫に入れると黒くなり、甘みが落ちるので営業中は氷水に浸けて冷やしておく。
- 桃はブレンダーにかけると酸化・褐変が進むため、ペストルでやさしくつぶして色を保持しつつ、桃らしい食感も活かす。色止めにレモン果汁を使うと味に影響が出てしまう。
- シェイクは冷やす目的で、できるだけ加水しないように大きめの氷1個を使用。
- シロップやリキュールを極力使わず、桃本来の甘みと香り、フレッシュ感を引き出す。さらに、シャンパーニュを加えてからはステアもしない。シェイカーの中で仕上げてグラスへ注ぐことで、自然な一体感をめざす。

モスコーミュール
Moscow Mule

ショウガとスパイスを効かせた
自家製ジンジャーシロップを使用。
爽快な飲み口と芳醇な香りが共存する。

カットライム……1/4個
ウオッカ……45ml
ジンジャーシロップ*……30ml
ソーダ……適量
　高麗人参……適量

＊ ジンジャーシロップ（ホームメイド）
　ショウガ1、ライム2、シロップ3の割合。赤トウガラシ（種を取る）、カルダモン（殻を取る）
　ショウガは薄く皮をむき、繊維に直角にすりおろすと辛みが出にくい。すべての材料を合わせて冷蔵庫で保存する。香りが飛ばないように少量ずつ仕込む。

1　ボストンシェイカーにライム果汁を搾り、ジンジャーシロップ、ウオッカを加えてシェイクする。ライムの皮をナプキンで拭く(p.79参照)。
2　よく冷えた銅製のマグカップに1を注ぎ、ソーダを加えて軽くステアする。
3　1のライムを飾り、高麗人参を削りかける。

point
○スパイスを効かせた自家製ジンジャーシロップにソーダを加えて、その場で香り高いジンジャーエールをつくる。
○ライムを搾った後、皮をナプキンで拭くことでミントのような香りを引き出す。
○最後にソーダを加えることを計算に入れ、シェイクで加水しすぎないよう注意する。
○ピリッとスパイシーなショウガに高麗人参が加わると、より土や根の香りが強調される。高麗人参はエナジー効果があり、疲れていたり風邪気味の人に。

ブラッディメアリー
Bloody Mary

凝縮したトマトの旨みと喉ごし。
練り込むようなスローイングで
果肉と液体を一体化させる。

アメーラトマト……1玉
セロリ……1片
パプリカ……1片
ウオッカ……45ml
トマトジュース*……60ml
白ワインビネガー……3dashes
ウスターソース……2dashes
　塩（海塩）……適量
　黒コショウ……1振り
　ベーコン（あぶる）……1枚

* トマトジュース（ホームメイド）
トマトジュース（市販品）、オレンジジュース、レモンジュース、ライムジュース、アガベシロップ、しょうゆ、ワサビ、柚子胡椒、七味唐辛子、塩、セロリの葉（各適量）すべての材料を混ぜ合わせる。

1　野菜類を適宜カットし、すべての材料をブレンダーに入れてピュレ状になるまで撹拌する。果肉のニュアンスを残すため目の粗い漉し器で漉す。
2　氷を加えてスローイングし、分離しないよう練るように合わせる（p.72参照）。
3　塩をリムドしたロックグラスに注ぎ、黒コショウを挽きかける。ベーコンを飾る。

point

○トマト、酒、水は分離しやすいので、スローイングでしっかりと練るように合わせる。スローイングにより液体と果肉がつながり、時間が経っても分離しない。
○ベーコンは、あらかじめカリカリにあぶっておく。飾る際にバーナーで再度あぶり、薫香をグラスに移す。ベーコンの塩味と旨み、薫香を楽しみながら飲むスタイル。
○タバスコやハラペーニョではなく、トマトジュースはしょうゆやワサビなど日本の素材を使う。日本人が飲みやすいだけでなく、海外からのお客さまにも好評。
○写真のようにリムドする場合は、塩をまぶしたライムの断面をグラスにすりつける。グラスの縁に果汁を付ける従来の方法に比べて、ニュアンスのある仕上げ方が可能になる。

バナナダイキリ
Banana Daiquiri

バナナとラムの濃密な甘さに
レモンとコーヒー豆を効かせて。
南国の素材を洗練された味わいに。

バナナ……1本
レモンジュース……5ml
ダークラム……50ml
バナナリキュール……10ml
シロップ……5ml
コーヒー豆……4粒

1　バナナは皮をむいてブレンダーに入れ、残りの材料とクラッシュドアイスを加えて撹拌する。
2　ロックグラスに注ぐ。

point

○シロップやリキュールができるだけ少なく済むよう、よく熟れたバナナを使う。
○ラムとバナナは相性がよく、コーヒー豆を加えるとさらにダークラムの味わいが活きてくる。コーヒー豆をブレンダーで一緒に砕くことで、カリッとした食感と苦味がプラスされ、香りと味わいのアクセントになる。
○氷を入れすぎると甘みが落ち、逆にぬるくてもおいしくない。最小限の量でよく冷えるよう、クラッシュドアイスの適量を見極める。氷は冷凍庫で1日以上締めたものを使う。

モヒート
Mojito

ライムに砂糖を加えてよくつぶし
皮と果肉から旨みを引き出す。
スウィズルで冷やしてダークラムをプラス。

ライム……1/2個分
グラニュー糖……2tsp.
スペアミント……適量
イエルバブエナ……適量
ホワイトラム……60ml
ソーダ……60ml
ダークラム……10ml
　イエルバブエナの枝……1本

1. ライムは両端をカットし、2〜3mmのいちょう切りにする。グラスにライムとグラニュー糖を入れ、軽く混ぜた後にペストルでしっかりとつぶし混ぜる。
2. 1にスペアミント、イエルバブエナ、ホワイトラム、ソーダを加え、ペストルで軽くたたいてハーブの香りを立たせる。
3. クラッシュドアイスを加え、スウィズルスティックでスウィズルする(p.73参照)。
4. 再度、クラッシュドアイスを加えてストローを挿し、ダークラムをフロートする。
5. さらに氷をのせて、イエルバブエナの葉脈をしごくようにして香りを出し、枝を飾る。

point
- 最初にライムとグラニュー糖をよくなじませて、シロップでは出せないコクを出す。
- 本来は水を使うが、ソーダの気泡でミントの香りを引き出す(炭酸は抜けてもよい)。
- スウィズルするときは、ミントの葉がちぎれないように注意する。氷のすき間に空間をつくってスティックを回転させるとよい。
- クラッシュドアイスを多く使うので、水っぽくなりがち。ダークラムをフロートすることでコクがプラスされ、満足感が得られる。見た目のグラデーションも美しい。

レオナルド
Leonardo

人気のイチゴを使ったカクテル。
先に注いだシャンパーニュと
グラスの中でゆっくりと対流させる趣向。

イチゴ……2粒(大粒)
ブランデー……5ml
シャンパーニュ……90〜100ml

1. イチゴはヘタを取り、適宜カットしてブレンダーに入れる。ブランデー、少量のクラッシュドアイスを加えて、果肉の食感がやや残る程度に撹拌する。
2. グラスに冷やしたシャンパーニュを注ぎ、上から1を静かに加える。

point

○ シロップやリキュールを極力使わず、甘みの強いイチゴを選ぶ。営業中はタッパーに入れて冷蔵庫の風の当たらない場所で保管し、傷みやすいのでオーダー後に水洗いする。
○ クラッシュドアイスは冷やす目的で、最小限の量に抑える。
○ シャンパーニュ、グラスともよく冷やしておく。シャンパーニュの上からイチゴを注ぐと、重みで自然に対流が起きるので、グラスの中でほどよく混ざる。すべてのシャンパーニュを使うカクテルは、ステアしない方法を考えてつくる。

リンゴのカクテル
Apple Cocktail

卵白を「つなぎ」にしたカクテル。
複数の香りの要素で、飲み進むうちに
いくつものフレーバーが時間差で現れる。

リンゴ……1/4個
レモンジュース……10ml
ウオッカ……30ml
バーボン……10ml
アールグレイ・リキュール……10ml
エルダーフラワー・リキュール……10ml
シロップ……5ml
卵白……1個分
　ミントの葉、アールグレイ茶葉、シナモン
　パウダー……各適量

1　リンゴは皮ごと適宜カットし、ブレンダーに入れる。残りの材料と少量のクラッシュドアイスを加えて撹拌する。完全なピュレ状に仕上げる。
2　氷を入れたロックグラスに目の粗い漉し器で漉しながら注ぎ、ガーニッシュを飾る。

point
○リンゴは皮ごと使うことで、味も香りも複雑で立体的になる。
○卵白がリンゴの変色を軽減する。また、リンゴの香りが卵白に移り、アルコールが加わることで強調される。
○アールグレイはリンゴの皮の渋みとアフターフレーバーを表現。この渋みが甘くなりがちなカクテルを引き締める。
○エルダーフラワーは、自然な甘みと酸味があり、果物に溶け込みやすい。ナチュラルなリンゴの甘酸味を下支えする。

ラム・パッションフルーツ・オールドファッションド
Rum Passionfruits Old-Fashioned

トロピカルフルーツの軽やかさとダークラムの重厚さが融合。複雑で現代的な味わいに。

パッションフルーツ……1/2個
カットオレンジ……1/8個
ライムジュース……5ml
ダークラム……45ml
パッションフルーツ・リキュール……20ml
コーヒーリキュール……5ml
アンゴスチュラビターズ……1dash
ブラウンシュガー……1tsp.
　パッションフルーツ……1/2個
　ブラウンシュガー……少量
　カットライム……1/6個
　ミント……1枝
　シナモンパウダー……適量

1　パッションフルーツを半分にカットし、1/2個分の果肉をグラスに入れる。
2　1の残りの果肉にブラウンシュガーをふり、バーナーでキャラメリゼする。
3　1のグラスに、ブラウンシュガーとアンゴスチュラビターズ、コーヒーリキュール、オレンジを入れて、ペストルでつぶしてなじませる。
4　3にダークラム、パッションフルーツ・リキュール、ライムジュースを加えて、ステアする。大ぶりの氷1個を加えて、さらにステアする。
5　カットライム、2のパッションフルーツ、ミントを飾り、シナモンをかける。

point

○最初に、カットオレンジをしっかりつぶす。皮と果肉から旨みが出て、カクテルのベースができ上がる。
○上記の段階で味をみて、苦み、甘み、ピールの油分のバランスを確認。それぞれの加減とその後に加える酒類のボリュームを調整する。アルコールを強めにするならビターズと甘みを加えてオールドファッションド風に、弱めならオレンジを加えるなど。ライムとソーダ、クラッシュドアイスを加えてさっぱりとしたモヒート風にもできる。

イチジクのカクテル
Fig Cocktail

おだやかな味わいのイチジクは
やさしい風味でベースをつくり、
好みによりエッジを効かせる。

イチジク……1個
レモンジュース……1tsp.
ウオッカ……40ml
エルダーフラワー・リキュール……15ml
白ワイン……15ml
シロップ……1tsp.
　塩……適量

1. イチジクは、皮をバーナーで真っ黒になるまで焼ききり、水の中で皮をむく（p.78参照）。
2. 1を適宜カットしてボストンシェイカーに入れ、残りの材料を加えてペストルでつぶす。
3. 氷1個を入れてシェイクし、塩をハーフリムドしたカクテルグラスに注ぐ。

point

○イチジクは皮を真っ黒になるまで焼ききると、簡単にむける。
○白ワインだけではカクテルとしてのボリュームが足りないため、ウオッカを加えてアルコール感をフォローする。
○さらに飲みごたえがほしい場合は、ジンやテキーラ、メスカル、ウイスキーを少量足してエッジを効かせてもよい。たとえば、ウオッカ45mlに対して10～15mlほど加える。
○塩味がイチジクのほのかな甘みを引き立てるので、ハーフリムドにしている。

ティツィアーノ
Tiziano

巨峰は皮ごとつぶして
ほのかな色、旨み、香りを抽出。
ブドウづくしの気品あるカクテル。

ブドウ（巨峰）……5〜6粒
シャンパーニュ……120ml

1 ブドウは皮ごとボストンシェイカーに入れ、ペストルで軽くつぶしてから、種と皮を取り除く。
2 大きめの氷1個を加えて、軽くシェイクする。
3 氷を取り出し、冷えたシャンパーニュを静かに注ぐ。
4 3を冷えたクープグラスに注ぎ入れる。

point

○ブドウは軽くつぶしてからのほうが、種と皮が取り除きやすい。また、色の抽出、皮の周りにある旨み、ブドウ本来の甘み、渋み、香りを得るためにも皮ごとつぶす。
○ブランデーを10mlほど加えると、さらにボリュームと香りが出る。
○シェイクは冷やす目的のみ。冷やしすぎるとブドウの甘みが落ちるので、シャンパーニュと同じ温度になる程度に軽くシェイクする。
○シャンパーニュを加えるとき、最後に注ぐときはいずれもそっと静かに。シャンパーニュを合わせてからはステアしない。発泡性が失われるとシャンパーニュを追加することになり、果汁との割合が変わってしまう。

金柑のジントニック
Kumquat Gin & Tonic

ほのかな皮の苦み、甘みがおいしい金柑。
金柑フレーバーを含むジンを使い、
みずみずしい味わいに仕上げる。

金柑……2粒
ジン(鹿児島県産)……45ml
トニックウォーター……90ml

1. 金柑は半分にカットし、ヘタと種を除いてロックグラスに入れる。ジンを加えてペストルでつぶす。
2. アイスピックで砕いた氷を加えて、トニックウォーターを注ぎ、軽くステアする。提供時にスプーンを添える。

point
- ボタニカルに金柑を含む鹿児島県産のジンと、フレッシュの金柑を合わせたカクテルで、香りに共通性がある。
- 金柑は皮がおいしいので、しっかりつぶして皮の香りと旨み、苦み、甘みをジンに移す。
- 漉すと旨みがなくなり、ブレンダーにかけるとえぐみが出る。素朴なものほどシンプルにつくるほうがよいという好例。
- 金柑が食べやすいようにスプーンを添え、氷はアイスピックで砕いたものを使う。

柿のカクテル
Persimmon Cocktail

芋焼酎に似た風味のジュネヴァで熟れた柿のやわらかさと、丸みのある素朴な味わいを再構成。

柿……1/2個
ウオッカ……30ml
ジュネヴァ……10ml
白ワイン(ソーヴィニヨンブラン)……10ml
エルダーフラワー・リキュール……10ml

1　柿は追熟させ、皮をむいてブレンダーに入れる。残りの材料とごく少量のクラッシュドアイスを加えて撹拌する。
2　氷を入れたロックグラスに1を注ぎ、飾り用にとりおいたヘタを飾る。

point

○柿は個性の強い酒と合わせると「柿らしさ」がなくなるので、その個性を活かすようにレシピを組み立てるのがポイント。
○ウオッカだけではやや単調なので、深みを出すためジュネヴァを少量加える。ジュネヴァは芋焼酎のような風味があり、「柿の渋抜き」「干し柿」をつくるイメージで合わせた。
○マンゴーとオレンジなど同じ色の果物は本来相性がよいが、柿とオレンジではオレンジの味が勝ってしまう。また、シロップやトニックウォーターも柿の味わいを消す。柿そのものの味わいを思い描きながらつくる。
○冷やしすぎると柿の甘みが落ちるので、クラッシュドアイスの量はアルコールのカドをとる程度に。柿のおだやかな甘みを引き出したい。

ドラゴンフルーツの カクテル
Dragonfruits Cocktail

ドラゴンフルーツの淡さに合わせて全体をニュートラルに仕上げる。梅パウダーがアクセント。

ドラゴンフルーツ（白）……1/3個
ライムジュース……5ml
レモンジュース……5ml
ブランコテキーラ……15ml
ホワイトラム……15ml
白ワイン＆シロップ……10ml
（白ワイン10mlとシロップ1tsp.を混ぜたもの）
ココナッツシロップ……1tsp.
　レモングラス（フレッシュ）……1本（約20cm）
　ミント、梅パウダー、
　ドラゴンフルーツのスライス……各適量

1　ドラゴンフルーツ（白）は追熟させ、皮をむいて適宜カットしてブレンダーに入れる。残りの材料と少量のクラッシュドアイスを加えて撹拌する。
2　氷を入れた器に1を注ぎ、レモングラスは香りを立てるようにねじって入れる。ミントとドラゴンフルーツを飾り、梅パウダーをふる。

point

○ドラゴンフルーツは味も香りもそれほど強くなく、曖昧な味わい。そのため合わせる材料もテキーラとラム、ライムとレモン、ミントとレモングラス、シロップ2種類と、いずれにも片寄らないニュートラルな味に仕上げた。
○白ワインは果物に溶け込みやすいので、つなぎに最適。たとえば、グレープフルーツやオレンジ、トニックウォーターを加えるとその味になってしまい、ソーダは加水につながる。ナチュラルな酸味を活かしたければ、白ワインやエルダーフラワーを使う。
○梅パウダーは甘酸味にアクセントを与える。また、ココナッツフレーバーとの相性がよく、杯が進む。

スタンダードカクテルを究める

私のカクテル観

[Bar Noble]
[Grand Noble]
店主 山田高史さん

素材を知る

　カクテルをつくるには、まず素材の特徴を知らなければなりません。スピリッツ、リキュールといった味のベースになるものから、フルーツやハーブ、スパイス、砂糖、水や氷に至るまで。難しいのは、素材さえよければ、カクテルがおいしくなるとは限らないこと。たとえば、プレミアムジンを使っても、風味の強いリキュールを合わせるとそのよさが消えてしまったり、シェイクによって芯のない味になってしまうことがあります。逆に、廉価なジンでも、足りない部分を補えるような別のタイプのジンを合わせることで、素晴らしいカクテルに仕上がる場合も。フルーツは品種や季節によって状態が変わり、砂糖や塩は製品ごとに精製度や粒子の大きさが異なります。それらの味わいや特徴を最大限に活かすためには、日々さまざまな素材に触れて多くの引き出しをもっておくことが大切です。

　素材の組み合わせは無限ですし、自由に取り組んでよいと思いますが、最初にやるべきなのは手に入る素材を使いこなすことから。昨今、世界中で自家製素材を使ったオリジナルカクテルがブームですが、仕上がりの味をしっかり思い描いて、そのうえで足りない部分を自家製で補っているのかどうか疑問です。限られた素材で、いかにおいしいものをつくれるかはバーテンダーの技量の真骨頂だと思います。

　素材を知るきっかけは、日常にあふれています。食事をしておいしいものに出会ったら、その素材や組み合わせに注目してみる。それが、あるときカクテルのヒントになったりします。常日頃から、口にするものを意識したいですね。

カクテルを家にたとえる

- ベース ⇒ 柱
- 甘み ⇒ 土台(基礎、床)
- 酸味 ⇒ 外装(屋根、壁)
- 香り ⇒ 内装(インテリア)
- デコレーション ⇒ 外構(門、庭)

　カクテルを家にたとえると、ベースは柱、甘みは土台、酸味は外装、香りは内装、デコレーションは外構です。酒質や立体感といったボリューム、カクテルの芯をベースがつくるので、全体をしっかりと支えるベースの選定と比率を考えましょう。

　甘みは味わいの厚みを、ほどよい酸味は美しい輪郭をカクテルに与えてくれます。輪郭は強すぎるとえぐみや苦みに変わり、逆に弱いとダラッとして飲み飽きてしまうので加減がとても難しい。カクテルにおける酸味は料理でいう塩のようなもので、その

塩梅が味を大きく左右します。いまは酸味にレモンやライムなどのフレッシュ素材を使うため、昔のレシピのままにつくると酸っぱくなってしまいます。家が崩れないよう、時代に合わせてレシピの解釈をアップデートすることも必要です。そして、香りは華やかさの演出に。口に含んで鼻腔をくすぐるような素材は、とくにその印象が強くなります。

最後のデコレーションは、"ただの飾り"ではありません。見た目だけでなく味わいに影響を及ぼすこともあるので、カクテルを表現する大事な要素です。これらのバランス、一体感がとても重要といえるでしょう。

スタンダードを追求する意味

スタンダードカクテルは数多くのバーテンダーによってつくられ、歴史の中で磨かれ、飲まれ続けてきた、まさに「古典」と呼ぶべきもの。基本的な「型」であり、私にとってカクテルをつくる上での「道しるべ」です。スタンダード技法の練習として後輩の方々に勧めたいのは、シェイクならホワイトレディなどベースと甘み、酸味のバランスがわかりやすいもの、ステアは王道のマティーニから始めるといいでしょう。営業中にご注文いただくのもほとんどが基本的なカクテルなので、これらを確実においしくつくれなければなりません。素材の選定や組み合わせ、技術の鍛錬、最適な技法をくり返し考える過程でバーテンダーとして大きく成長できます。まずは、理想となるスタンダードカクテルの味わいを追求することから始めましょう。

スタンダードカクテルを突き詰めていくと、次第に「おいしさとは何か」が見えてきて、つくりたい味わいが描けるようになります。すると、オリジナルカクテルの完成度もグンと上がります。競技会では創作カクテルのネーミング、色、香り、味わい、デコレーションのバランスと完成度、作品意図が問われますが、これらを考えるベースになるのもスタンダードカクテル。なぜならスタンダードも、もとは誰かが創作したオリジナルですから。

シンプルゆえに誤魔化しがきかないスタンダードは、私にとって一生のテーマです。時代とともに素材は変化し、多様化され、新たな技術も開発されていくので、さらに未知なる味が創造できるのではないかと楽しみにしています。

技法のポイント

・正確であるべき
・安全であるべき
・合理的であるべき
・美しくあるべき

　あらかじめレシピをしっかりと頭に入れて、正確に計量することからカクテルづくりが始まります。「メジャーカップを平行に持つ」というひとつの動作だけでも学ぶべきことはたくさんあって、無理・無駄のない効率的な動きを訓練すれば美しい姿勢で正確に計れるようになります。それがほかの動きにもつながり、ボトルやグラスを扱う所作もていねいになるので音も静かになる。何より安全ですよね。

　また、シェイクやステアもどうすれば最小限の力で最大限に作用するかを考えると、シェイカーやバースプーンを持つ力点や支点、そして液体と氷の重みを利用した混ぜ方が徐々に定まってきます。シェイクは時間をかければ当然しっかりと冷やし混ぜることができますが、その分、希釈が進んで水っぽくなってしまう。短時間で冷やし混ぜて理想の味に仕上げるには技術が必要で、それが6タイプのシェイクを生み出しました。つまり合理的に道具を扱う方法を突き詰めたのが、その出発点。もちろん体格には個人差がありますし、とらえ方・考え方もそれぞれでしょう。あくまで私のシェイクやステアの技術は一例として、ご自身のスタイルを確立していってください。

　よく海外からのお客さまから「なぜそんなに姿勢を正してカクテルをつくるのか」と聞かれることがあります。私の答えは「尊いものをつくりたいから」。そういう気持ちでいると、姿勢は自ずとよくなります。くり返し訓練して身に着いた自然で美しい所作は、ジャパニーズバーテンディングの様式美として世界に誇れるもの。つねにお客さまから見られていることを肝に銘じて振舞っています。

山田高史

1976年、神奈川県横浜市出身。98年、横浜「バー アクアビタエ」に入店、店長を務める。東京銀座などで修業した後、2004年に横浜市内に「Bar Noble」を独立開業。10年「全国バーテンダー技能競技大会」「アジアンカクテルチャンピオンシップ」でともに優勝。11年「IBAワールドカクテルチャンピオンシップ」で総合優勝し、東久迩宮文化褒賞を受賞する。17年、本店から徒歩5分の場所に「Grand Noble」をオープン。バー経営のほか、読売カルチャーセンター講師、ケータリングやコンサルタント事業も手がける。(一社)日本バーテンダー協会 国際局長。極真空手、茶道(表千家)、英会話などを習って見聞を広めている。趣味は飲み食べ歩き。

私のカクテル観
フレッシュフルーツを最大限に活かす
[BAR ORCHARD GINZA] 店主　**宮之原拓男**さん

素材から発想するカクテル

　フレッシュフルーツが使われるようになってから、カクテルの世界が変わりました。味、香り、色はもちろん、テクスチャー、温度、プレゼンテーションなど、カクテルで表現できることが広がりましたが、本当に素材が活かされているでしょうか？
　たとえば、スイカのカクテルを口にしたとき、スイカの味がしますか？　スイカに何かを足して別の味にする方法もありますが、基本的にはメインの素材が感じられなくてはダメです。スイカは水分量が多く、自然な甘さで素朴な味。ほかの果汁を加えるとその味に変わってしまうので、素材を壊さない組み合わせを考える必要があります。アルコールを加えることで味わいに変化が生まれますが、何よりも相性という観点から、そのフルーツの食感や香りを最大限に引き立て、活かすための材料を模索します。
　材料だけでなく、道具の使い方もポイント。水分量の多いスイカをミキサーにかけすぎると、甘い果汁になるだけでその風味が失われます。また、ボストンシェイカーでも最後に液体をきれいに漉してしまうと旨みが抜けてただ甘く感じ、アルコールとのバランスが崩れてしまう。そのため、どちらの場合もあえて果肉が少し残るように仕上げ、香りとテクスチャーによる「らしさ」を活かして、必要であればスプーンを添えます。
　フルーツは冷やし方も重要で、冷たすぎると甘さを感じにくくなるため、シェイクやブレンダーで氷を使うときも極力抑えて適温を探ります。いずれも素材ごとの特徴を見極め、それらを最大限に活かす方法を見出すことにより、本物の素材の味に近づけると考えています。

水彩画と油絵

　濃淡の強弱をつけて表現する水彩画は、フレッシュフルーツを使うカクテルに通じるところがあります。たとえば、梨のカクテルをつくるとき、相性のいいレモンやグレープフルーツを使いますが、梨を手前（＝主役）に置いているつもりでも、分量によってはレモンやグレープフルーツに入れ替わってしまうことがあります。梨の甘みや酸味、香りをイメージし、素朴な味わいのものは、それがどの地点にあってどうフォーカスすべきかを考え、濃淡をつけて描いていく。逆に、味がわかりやすいものを手前に置くなら、遠くに置くことで調和する副素材を選びます。素材ごとに強弱をつけるのが、素材を活かすコツですね。
　一方、素材を重ねて違う味わいにするのが油絵の考え方。ベースが効いていて、いろいろな味わいが層になり、まったく新しい味わいに仕上げる場合には、油絵のように色を重ね合わせます。
　一杯のカクテルをつくり終えて提供するときのプレゼンテーシ

ョンは、一枚の絵を額縁に入れるようなもの。描いて終わり、つくって終わりではありません。額縁(＝仕上げ)から逆算してカクテルを創作することもあるほど、私にとっては重要です。ときにはカクテルをつくる手を早めて、その分デコレーションやプレゼンテーションに時間をかけることも。その途中、お客さまは「何をするのだろう？」とワクワクしたり、提供時には「わぁ！」と喜んでいただきたい。忙しすぎる店なら、コースターを1枚変えるだけでいい。ちょっとした工夫で、お客さまを喜ばせることはできるはず。絵を引き立てるような額縁を選んで、額装まで考えるのがバーテンダーの仕事だと思っています。

変わり続けること、進化していくために

　私の店では、同じカクテルでも毎年つくり方を変えています。ベリーニなら、桃を「手でつぶす」「包丁で細かく切ってつぶし、食感を残す」「ミキサーにかける」と最初の工程から変えますし、氷も「使わない」「1個でシェイクする」など。技法も合わせるベースのお酒も大胆に変えるよう自分に課しています。新作ができれば、ひとつ新しいカードが持てますよね。手元に何枚かあれば、お客さまによって違うカードを出せる、柔軟に対応できる、ということです。液体窒素を使用したベリーニは、ダイナミックなパフォーマンスに加え、桃の酸化を止める効果、氷を使わない利点があります。しかし、それが最高であるか、お客さまが求めているものかをつねに考える必要があるでしょう。

　時おり、お客さまの側から「そういう発想はなかったな」「斬新だな」という素材の組み合わせや、カクテルを教えていただくことがあります。そこで自分が知らないからと否定するのではなく「おもしろそうだな」と思えるように頭と心を軽くしておきたいですね。先日、スウェーデンの伝統的な料理でベーコンとカレーソース、グリルしたバナナのピザがあると聞いて、カクテルにしてみたらおいしかった。柔軟にとり入れることで、新しいおいしさやサプライズがあるならやるべきです。ただし、何でも新しいものに飛びつけばいいわけではなく、見極めが肝心。自分自身が変わり続けることが進化するカギだと思います。

お客さまの舌を読む

　当店はメニューを置いていません。代わりにフレッシュ素材をディスプレイして、「これがうちのメニューです」とお伝えしています。そこからお客さまとのコミュニケーションが生まれ、好きなフルーツや味の傾向、アルコールの強さなどの希望をお聞きして好みを探る（＝舌を読む）ようにしています。オーダーに時間をかけて、お客さまごとにカスタマイズするのは最初とても大変でしたが、毎日続けているとそれも慣れてきます。

　たとえば、食事前にご来店されたお客さまに「夏らしいカクテルを」とご注文されたら？　量の多いティキカクテルはお出ししませんよね。量を調整して、デコレーションを工夫すればよいのです。カクテル提供時は必ず、コンセプト、レシピ、それらの相性、飲み方まで説明します。大切なのは、ただおいしいだけではなく、お客さまが求めていることを感じとり、TPOに合わせたカクテルをお出しすること。そうしてはじめて、私たちがつくり出したユニークな素材の組み合わせ、新しい味わいをキャッチして楽しんでいただけるのだと思います。

　そして、1杯目を出してしばらくしたら、味の確認をします。アルコールの強さや甘さなどが好みに合っていたか感想を聞きつつ、2杯目のヒントにします。このときの会話がとても重要で、より深くお客さまの好みを探ることができます。2杯目が成功したら、3杯目は「おまかせ」という流れに。それは、自分の好みを把握しているバーテンダーにすべてを委ねる、というお客さまからの信頼の証しです。

　そのためには、「味の感じ方には個人差がある」ことを頭に入れておく必要があります。海外のバーへ行ったとき、こんなことがありました。私はジンが好きなので、「アルコール強めで、あまり甘くないジンベースのカクテルを」と頼みましたが、出てきたものは驚くほど甘い！　そう、人によって甘さの感じ方は違います。もっている味覚も、そのときの状況も。ですから、話すこと、察することが大切なんですね。

カクテル各論

宮之原拓男

1975年、鹿児島県出身。96年、大学卒業後に「ホテルオークラ神戸」へ入社し、ソムリエとして配属される。フレンチ、中華、鉄板焼、和食のレストランで勤務後、8年目に念願のバーテンダーへ転属。2007年、同じくバーテンダーの寿美礼（すみれ）夫人とともに東京銀座で「BAR ORCHARD GINZA」を独立開業。季節のフルーツをテーマに、クリエイティブなカクテルを創作し続けている。メキシコのバーショーをはじめ、世界各国で日本のバーの歴史やカクテル構築のプロセス、クラシックカクテルにおける歴史的背景の読み取りかたなどのマスタークラスを実施中。

カクテル各論

1、味づくりで重視することは？

技法について

基本4技法が100％。もっともよく出るのはシェイク(山田)

　営業中にご注文いただくのは、基本4技法を使うものが100％。なかでもよく出るのがシェイクで、一晩に数百杯つくることもある。そのため腕の力だけでなく、全身を使って効率よく、見た目はコンパクトでもしっかりと振れる方法を考案した。いつでも安定した仕上がりをめざしている。

　基本技法をしっかりと身につけ、それが店の核となり、お客さまにご評価いただけることは有難い。それぞれの技術を磨くとともに、見た目に美しい所作、無駄のない動線も重要だと考えている。個人的な見解だが、デジタル化がますます進む現代において、アナログな道具を使い、プロにしかできない味をつくるバーテンダーの仕事は、今後さらに価値が高まっていくだろう。

つねに素材にとって最適な手法は何かを考える(宮之原)

　「まずは素材ありき」で、技法はあくまでも手段のひとつ。ブレンダーやボストンシェイカーを使うことが多いが、ある程度の方向性は決めつつも、素材の状態やお客さまのリクエストによって仕上げ方も柔軟に変えている。大事なのは、その素材からどんな美点を引き出し、カクテルとしての完成度を高め、お客さまに喜んでいただくか。理想とする仕上がりの色、香り、味わい、喉ごしなどから総合的に判断し、その都度、最適な手法を選んでいる。

　トマトやグレープフルーツを使うカクテルでは、スローイングを行なうことが多い。ひねりを加えて空気を含ませながら混ぜ合わせるもので、果肉が多い場合でも固形分と液体とがよくつながり、時間が経っても分離しくい。ほかの技法では得られない効果だ。

　いまは日々新しい技法や道具が開発され、それが瞬く間に世界中に広がる時代。最先端の情報に振り回されることなく、それが自分のつくりたいカクテルに本当に合致するのかを見極めたい。先のスローイングは、実は1930年代のカクテル教本にも載っている(横方向に投げ込む図解入り)古くからある技法。素材を活かすという観点から、従来の手法をとらえ直すことも、また新たな可能性を拓くのではないかと思っている。

レシピの組み立て

基本のメソッドから、自分なりの展開を（宮之原）

　フレッシュ素材を使うカクテルにはいくつかの基本的なメソッドがあるが、わかりやすいのは「色」「ローカル」「フレーバー」などをそろえること。色が近い素材同士は不思議と相性がよく、たとえば、洋梨・和梨とグレープフルーツやレモン、柿とオレンジ、トマトと赤パプリカなどは互いに引き立て合う。このとき、メインとサブはどちらなのか、それによって味の強弱を調整しないと、柿のカクテルがオレンジ風味になってしまうので注意する。

　ローカルとフレーバーの例では、南国フルーツとラムやテキーラ、コーヒー豆など産地の近いもの同士は見事に調和する。ミクロなところでは、鹿児島産の金柑に同じ九州産のジンで、なおかつ金柑のボタニカルを含むものを合わせたり、柿のカクテルには、柿の渋抜きに使う焼酎の風味の酒がよくなじむ。

　ところで、素材のなかには味や香りがとても繊細で、スピリッツと合わせると途端に個性が消えてしまうものがある。その場合は、白ワイン（ソーヴィニヨンブランがおすすめ）とエルダーフラワー・リキュールなどで、酸味と甘みを下支えするように全体をまとめるとよい。素材のもち味である上品な味わいを、自然に引き出すことができる。

　ここに挙げたのはごく一例で、なかには真逆の組み合わせで素晴らしいカクテルができることもある。それぞれのアイデアで試行錯誤を重ねて、新しい素材の楽しみ方を探求してほしい。

基本の配合は変えず、わずかにアクセントをつける（山田）

　現状のレシピをもっとおいしくできるのではないかと、日々考えるなかで行き着いたのが、材料の一部を別の銘柄に置き換えるというもの。たとえば、マティーニはジン55mlのうち、50mlは冷凍したロンドンヒル、残り5mlを常温のオールドトムジンという構成に。これにより、1種類のジンでは表現できない豊かなフレーバーと味わい深さ、立体感が生まれたように思う。ただし、基本的なレシピの構成比は変えず、明らかに突飛な味にはしない。ごく一部の常連さましか気づかないほどの、自分なりのアクセントというイメージ。

　同じように、一部のリキュールは軽く煮詰めたものを使っている。具体的には、リキュールの半量を、約半分になるまで煮詰めてから元のリキュールに混ぜる。当然ながら、でき上がったものはエキスの凝縮感と甘みが際立つが、これを思いついたのは、昔のリキュールの味を再現しようと試行錯誤した結果。いまは多くの銘柄が洗練され、軽やかな味わいのものが主流だが、カクテルの材料としては個性的で凝縮感のあるものが使いやすい。

　味の輪郭を際立たせたり、より複雑なフレーバーにするなど、自分のなかで思い描いた味を実現するために、今後はこのような「材料の仕込み」が増えると感じている。

カクテル各論

2、仕上げの要点を教えてください

ビルドの「適量」とは

ベースの酒の性質に応じて見極める（山田）

　ベースの酒の性質（割り材となじみやすいかなど）やグラスとの兼ね合いによるので一概には言えないが、水割りやソーダ割りの基本配合は、ベースの酒と割り材が1：2.5の割合で、その2.5の部分を2.0〜3.5の間で調整する。
　とくにウイスキーの水割り、ソーダ割りは温度によっても適量が異なるので、5℃以下に仕上げて混ぜすぎなければ水っぽくならない。また、意外につくりにくいのが、カシスソーダなどの粘性のあるリキュールとソーダの組み合わせ。ソーダの一部でリキュールをなじませてから、改めてソーダを加えるとリキュールが沈みにくい。いずれにしても材料の性質を見極めることが肝心だ。

果汁、水、炭酸、それぞれの仕上げ方をイメージする（宮之原）

　読んで字のごとく「適量」なので、仕上がりの味をイメージしながら、割り材ごとに異なるポイントを押さえる。
　果汁…一般的にアルコールの後に加える。アルコールより重く、混ざりにくいので、よく混ざるようにステアを注意する。
　水……一般的にアルコールの後に加える。よく冷えた氷水を使うことで、水っぽくならない。
　炭酸…一般的にアルコールの後に加える。炭酸ガスが抜けないように、材料やグラスはよく冷えたものを使い、炭酸を氷に当てないように注ぐ。できるだけステアの回数を少なくする。

温度について

冷やしすぎは素材のもち味を隠す。「冷やし方」も重要（宮之原）

　フレッシュ素材のもち味を活かすなら、冷やしすぎは禁物。フルーツの自然な香りや甘み、やわらかい食感はキンキンに冷えた状態では感じとりにくい。
　そもそも、フルーツは冷やした方がおいしいものと、冷やすことで味が抜けてしまうものがある。また、「追熟は常温（室温）」で、「完熟後は冷蔵保存」と言われるように、素材の状態によっても適温が変わってくる。とくに温度に敏感な桃などは、営業中は冷蔵庫に入れずに氷水に浸けておくと、適度に冷えて桃らしい甘さや香りを引き出しやすい。ちなみに、私の店ではソーダやシャンパーニュも同じように氷水で冷やすため（ドブ浸け）、冷蔵庫の扉の開閉による温度変化も少なく、ほぼ同じ温度で冷やしたフルーツともよくなじむ。
　ほかに、少量のクラッシュドアイスとともにブレンダーにかけたり、（加水が進まないよう）氷1個でシェイクしたり、スウィズルのような急速な動きで冷やす方法などがある。カクテルならではの心地よく冷えた飲み口とのバランスを見極め、素材ごと、カクテルごとに最適な冷え加減を探りたい。
　仕上げるときは、ショートは冷凍庫で冷やしたグラスを使い、ロックスタイルやクラッシュドアイスを使うものは、加水を多くしないこと、冷やしすぎないことを念頭におく。

温度は最重要項目のひとつ、カクテルごとの適温を把握する（山田）

カクテルの仕上がり温度はとても重要で、おいしさの感じ方と品温は密接に関係する。マイナス温度まで冷やしたほうがおいしい場合もあれば、逆に、冷たすぎると甘みやまろやかさが弱まるため、冷えを重視しないものもある。問題は「どのように」冷やすのか。グラスチルドだけでよいのか、シェイクやステアを長めにするほうがよいのか、材料そのものを冷蔵、または冷凍する必要があるのか。希釈やその他の兼ね合いで要素を絞り込んでいく。

あらかじめ、ある程度の幅でカクテルごとの適温を決めておくが、その日の気温や天候によっても「飲みやすい温度」は変わるので注意する。また、団体のお客さまから一度にオーダーされたときなどは、フローズン系やフレッシュフルーツを使ったカクテルからつくりはじめ、続いてソーダ割りなどのビルド系、最後にショートを仕上げると全員で乾杯するときに適温が保てる。

アルコール度数と、ノンアルコールのつくり方

ノンアルコールは甘みを軸に組み立てる（山田）

アルコール度数は、カクテルにもよるが可能な範囲でお客さまのリクエストに応じている。

ノンアルコールの場合は、通常の創作カクテルをつくる手順とほぼ同じ。最初に甘みのパーツを決めて、ほかの素材を組み合わせると味が決まりやすい。フレーバーシロップや果汁、ハーブ・スパイスなどを順に合わせてつくる。

ちなみに、私の場合はオリジナルカクテルも甘味リキュールを軸に創作することが多い。甘味リキュールは、果実系、ベリー系、薬草系、クリーム系（チョコレート含む）、種子系の大きく5タイプに分かれるが、これらのリキュールの各カテゴリーのなかで変化をつけて組み合わせると、色も決まり、複雑な構成でも味がつくりやすいと感じる。

フルオーダーだからこそ、お客さまの好みに応じて（宮之原）

基本的に、オリジナルカクテルはフルオーダーのため、アルコール度の強弱もお客さまの好みに合わせている。1杯目を出したらオーダーしたものに近い味かどうかを確認し、それを飲むスピードや飲んでいるときの雰囲気で、その次のカクテルのヒントにする。

少し強めの酒が飲みたいと言われたときは、単純にアルコール度数や量を増やして調節するのではなく、ベースの酒をフレーバーのあるタイプに替えることで、飲みごたえのあるカクテルができる。

ノンアルコールをつくるときは、シンプルな味つけながら、飲み口はカクテルテイストに。いわゆるフルーツジュースではない、五味の構成とバランスを意識した、奥行きのある味わいを心がけている。

カクテル各論

3、器具や材料へのこだわりは？

ベースの酒類

ベースは季節ごとに変え、インフュージョンなどは手がけない（宮之原）

　季節ごとにベースの酒類を変えている。おおよそのラインナップは、ウオッカ 8、ジン 8、ウイスキー 7、ラム 3、テキーラ 8 種類で、これらはそれほど個性が強くないもの。クラフトスピリッツの場合は、その個性を活かす方法を考える。
　ちなみに、私の店ではインフュージョンやホームブレンドは一切行なっていない。理由は、賞味期限や容器の衛生面などさまざまな点で不安があるから。

スタート時点は少なく、味を描けるようになったら増やす（山田）

　ベースの酒類は、新製品が出たタイミングで必ず試飲している。基本的にはそれぞれのお酒を各 1 種類を用意し、思い描いたようなカクテルがつくれるようなってきたら、その都度少しずつ種類を増やすのがいいのでは。いまも私の店では各 5〜6 アイテムといったところで、必要に応じて新しい銘柄を足している。酒類が多いことは店の個性になるが、回転が悪くなっては元も子もない。

バーツール

シェイカーは安定感のある YUKIWA。ミキシンググラスは切子（山田）

　シェイカーは手になじみやすく、品質が安定している老舗ブランドの YUKIWA を愛用。切子のミキシンググラスは、内側を磨いてあり、氷のすべりがよい。口径のサイズと適度な重み、見た目の美しさから切子を選んだ。ブレンダーは、スティック状の手持ちタイプ、ブラウン製を使っている。
　専用のツール以外では、トングや周辺ツールを縦置きできる小物入れが便利。氷桶はメンテナンスのしやすさから、プラスチックのザルとステンレスのボウルを重ねて使っている。

シェイカーなどは BIRDY。道具に合った使い方を探る（宮之原）

　シェイカー、バースプーン、メジャーカップは BIRDY、ミキシンググラスはビーカー、ブレンダーはハミルトン製ビーチミキサーを使用。BIRDY はシェイカーの内壁を高い精度で研磨するなど、画期的な造りで注目を集める新興ブランド。もちろん、道具は重要だが、どう使いこなすかは結局、使い手次第。特別な道具だから必ずおいしくなるわけではなく、その道具に見合ったシェイクの方法を探り、実践することに尽きる。
　バーツール以外では、営業中にハーブなどを入れておくプラスチックケースなど、各種の保存容器。リキュールなどを詰め替えるスモールボトル、シロップを入れるソースボトルなどをお勧めしたい。

氷

その日の素材やグラスに合わせ、使う直前にカットする(宮之原)

　ブロックサイズに割ったものを、一晩締めてから使っている。氷はすべて自分たちの手でカットするため、製氷店に細かいサイズ指定などはしていない。季節により使用するグラスが変わることと、素材のラインナップや状態も日ごとに違い、それに合わせて直前にカットするのが効率的と考えている。

　ちなみに、私自身は業者に対して「こういう氷が欲しい」と細かい注文を付けることはほとんどない。まずは、自分たちがいい店をつくるように努力することが第一で、そうしてはじめて、氷であればよい部分を納品してくれたり、さまざまな面で融通してもらえるようになる。互いの信頼関係が大切だ。

作業軽減のため、加工の一部を外注(山田)

　氷は「す」が入っていないものが大前提。そのうえで価格や納入方法などを勘案して業者を選ぶ。私の店では、1貫目を16等分したサイズと、4cm角氷、ダイヤアイス(2〜3cm角)の3タイプを発注。以前は、すべての氷を店内でカットしていたが、外注したほうがスタッフの作業軽減になると判断した。

　納品された氷は、16等分したものからダイヤカットと丸氷を成形。ダイヤアイスは一部をクラッシュドに、残りはサイズをそろえるために軽く水洗いする。それぞれジッパー付きの袋に分け、冷凍庫で一晩締めてから使用する。

　氷は、材料やグラスを冷やす手段であると同時に、混ぜる道具であり、ロックアイスはそのままお客さまの目に触れる商品でもある。緊張感をもって手早く、それでいてていねいな仕込み作業を心がける。

グラス

店の雰囲気に合うものを。お客さまの視点で選ぶ(山田)

　グラスを選ぶ基準は、店の雰囲気にあっているか、自分のつくりたいカクテルのイメージに合致するか。カクテルをひとつの作品ととらえ、その仕上げをグラスに担ってもらう。私の店では、華美なデコレーションやトレイに盛りつけるなどの演出をしない分、かえってグラス自体の存在感が引き立つように思う。また、女性のお客さまは、繊細で軽いグラスを好むことが多いのでアンティークなどの凝ったものを、男性のお客さまは重厚感のあるタイプなど、お客さまの視点でグラスを選ぶこともある。

カクテルに合わせて選ぶ。絵を額に入れるようなもの(宮之原)

　幅広くそろえているが、見た目を引くものやデザイン性のあるものが多い。スタンダードカクテル用には、アンティークやシルバーヴィンテージなどを。オリジナルにはユニークな形状のティキなども使う。

　カクテルに合わせて最適なグラスを選ぶことが大事で、描き上げた絵を最後に額縁におさめるのに似ている。

カクテルレシピ62

担当：山田高史

凡例

- ジュースはフレッシュフルーツを搾った果汁を指し、冷蔵している。
- 2つ以上の技法を組み合わせる場合、あらかじめ材料を混ぜるプレミックスは❹、ブレンダーで撹拌・泡立てるものは❼とした。同様に、仕上げに炭酸を加えるものは❷、フロートするものは❺とした。

技法の分類とそれぞれ代表的なカクテルは以下の通り。

シェイク
- ❶ 2段振り（ホワイトレディ）
- ❷ 2段ひねり（レオン）
- ❸ 1段振り（ソルティドッグ）
- ❹ 1段ひねり（サイドカー）
- ❺ 1段振り（アレキサンダー）
- ❻ ボストン（シンガポールスリング）

ステア
- ❼ バンブー
- ❽ マンハッタン
- ❾ ポーラーショートカット
- ❿ ギブソン
- ⓫ サゼラック

ビルド
- ⓬ 炭酸系（ジントニック）
- ⓭ 水割り系（スクリュードライバー）
- ⓮ プレミックス（フレンチコネクション）
- ⓯ フロート（ウイスキーフロート）

ブレンド
- ⓰ 氷あり（フローズンダイキリ）
- ⓱ 氷なし（ブラッディメアリー）

---

1. マティーニ　Martini

タイプ ❼⓮ / p.51

ジン（ロンドンヒル／冷凍）	50ml
ジン（ヘイマンズ オールドトム／常温）	5ml
ベルモット*	5ml
オリーブ（シチリア産）	1個
レモンピール	1振り

＊ベルモット（ホームブレンド）
　ノイリープラット10：マンチーノビアンコ1

ミキシンググラスに材料を注ぎ、軽くミキシンググラスを回して温度を上げる。氷を入れてステアし、カクテルグラスへ注ぐ。カクテルピンに刺したオリーブを飾り、レモンピールを振る。

point
- マティーニに求めるのは、ひと口めのキリッと冷えた感触と、それでいてやわらかく一体感のある味わい。試行錯誤の結果、ステアで品温を下げるのではなく、新たな手法により理想の仕上がりに近づくことがわかった。常温のミキシンググラスに冷凍したジン（－15℃）とすべての材料を入れ、軽く回してグラスを冷やしながら、液体の温度を約3℃まで上げる。それから氷を入れて通常通りにステアする。
- 冷凍のジンだけでは味が固くなるので、常温のオールドトムジンを合わせて甘みと香りのボリュームを補う。ベルモットにも、わずかに甘みを加えている。
- ていねいで緻密なステアを心がける。ステアをしすぎて必要以上に希釈が進み、味が伸びてしまわないように。レシピの比率はややドライだが、実際は甘くやわらかな味わいになる。

---

2. マンハッタン　Manhattan

タイプ ❽ / p.63

ウイスキー（カナディアンクラブ12年／冷蔵）	45ml
ベルモット（カルパノ アンティカフォーミュラ）	15ml
グリオッティン	1個

レモンピール	1振り

ミキシンググラスに氷を入れて霧吹きし、軽くステアする。材料を加えてステアし、カクテルグラスに注ぐ。カクテルピンに刺したグリオッティンを飾り、レモンピールを振る。

point
- マンハッタンの魅力は、一体感と奥行きのある味わい。カナディアンクラブは現代的な甘くやわらかい味で、カルパノで熟成感と複雑さを加味している。
- グリオッティンはフルーティでナチュラルな味わいから、好んで使っている。

3. ギムレット　Gimlet

タイプ❶

ジン（ロンドンヒル／冷凍）	45ml
ジン（ニッカ カフェジン／常温）	5ml弱
ライムジュース	10ml強
和三盆	1.5tsp.

材料をシェイクして、カクテルグラスに注ぐ。

point
- ギムレットは、ほどよくジンの風味を感じられるものがおいしい。わずかに複雑な香りをもたせるため、ボタニカルが効いたカフェジンを少量加えた。カフェジンの山椒香はライムとジンのよい「つなぎ」になる。
- 本来ギムレットは甘いカクテル。そのため、ライムの酸味を感じさせつつも、やや甘めの仕上がりに。和三盆を使うのは雑味がなく、余韻がとてもきれいだから。
- 甘みと酸味のバランスが難しいため、シェイカーを振る前に味をみて、酸味を感じたら和三盆を、甘ければライムを加えて調整する。甘すぎず、かといって酸が立ちすぎず、よく冷えた一体感のあるギムレットをめざす。

4. サイドカー　Sidecar

タイプ❹／p.61

ブランデー（フラパンVSOP／冷蔵）	35ml
コアントロー	15ml
グランマニエ	5ml
レモンジュース	10ml弱

材料をシェイクして、ダブルストレインでカクテルグラスに注ぐ。

point
- サイドカーは、レモンによる酸味のストライクゾーンが狭いカクテル。少ないとダラっとして飲み飽きてしまい、多いとブランデーの芳醇な余韻がなくなるので、レモンジュースの量、酸味の加減に注意する。
- ひねりを加えたやや複雑なシェイクで、全体にしっかりと空気を含ませ、ブランデーの香りを引き出すように仕上げる。
- ブラウンスピリッツのふわりと空気を含んだカクテルには、氷片が浮かんでいないほうがよいとの考えから、茶漉しを通して（ダブルストレイン）グラスに注ぐ。また、コアントローだけではやや単調になるため、グランマニエを加えて複雑さと奥行きを与えた。

5. ホワイトレディ　White Lady

タイプ❶／p.64

ジン（ロンドンヒル／冷凍）	35ml
コアントロー	15ml
レモンジュース	10ml

材料をシェイクして、カクテルグラスに注ぐ。

point
- 甘み、酸味、ベースをシンプルに組み立てた、ショートカクテルの基本形。自分の原点ともいえる大切なカクテルであり、基本に立ち返るときは必ずこのカクテルをつくるほど。シェイクの加減はあくまで「中間」。この中間というのが意外に難しく、それゆえ確実に身につくとシェイクの基軸となる。
- ホワイトレディの理想の味わいは、ベースのジンを感じながらも一体感があり、完璧にまとまったもの。コアントローはしっかり混ぜたいが、振りすぎると水っぽくなる。そのちょうどいい中間点を探る。
- スタンダードレシピは、ジン、コアントロー、レモンジュースの比率が2/4、1/4、1/4。フレッシュのレモン果汁を使う現代においては、従来の構成比でつくると酸味が強くなりすぎてしまう。ベース、酸味、甘みの三位一体をめざして配合を調整したい。

6. エクスワイズィ　X.Y.Z.

タイプ❶

ラム（バカルディーホワイト／冷凍）	35ml
コアントロー	15ml強
レモンジュース	10ml弱

材料をシェイクして、カクテルグラスに注ぐ。

point
○ラムは甘み全般と相性がよく、ラム本来の風味を引き出すようにやや甘めに仕上げる。ハチミツレモンのような味わいが理想で、コアントローをしっかりと混ぜ込むようにシェイクする。

7. バラライカ　Balalaika

タイプ❶

ウオッカ(ソビエスキ／冷凍)	35ml
コアントロー	15ml
レモンジュース	10ml

材料をシェイクして、カクテルグラスに注ぐ。

point
○ウオッカはジンに比べて甘みがあるので、ホワイトレディよりもほんの少し酸味を上げるイメージでつくる。ただし、レシピに差をつけるほどではない、微量の違い。ウオッカのクリアな味わいを活かしつつ、水っぽくならないように。

8. マルガリータ　Margarita

タイプ❶／p.63

テキーラ(クエルボクラシコ／冷凍)	35ml
コアントロー	15ml
ライムジュース	10ml
沖縄海塩	リムド

材料をシェイクして、海塩をリムドしたカクテルグラスに注ぐ。

point
○テキーラには甘みとともに、コショウやピーマンのような香りがある。マルガリータはその個性を活かしながらも、しっかりと調和させた一体感のある味わいが理想。さわやかでフレッシュ、かつコクのあるクエルボクラシコを使い、バラライカ同様にほんの少し酸味を上げるイメージでつくる。海塩がさらにその甘みを引き出してくれるが、付け過ぎに注意。

9. サイレントサード　Silent Third

タイプ❶

ウイスキー(シーバス12年)	35ml
コアントロー	15ml強
レモンジュース	10ml弱

材料をシェイクして、カクテルグラスに注ぐ。

point
○ハチミツやバニラ、リンゴのフレーバーが特徴のシーバス12年。このベースの熟成感と甘みを活かして仕上げる。コアントローをやや多め、酸味を減らして空気を含ませるシェイクを意識する。

10. ダイキリ　Daiquiri

タイプ❶

ラム(バカルディーホワイト／冷凍)	45ml
ダークラム(バカルディー8)	1tsp.
ライムジュース	15ml弱
和三盆	2tsp.

材料をシェイクして、カクテルグラスに注ぐ。

point
○ラムの甘さを引き出すために、やわらかい甘みの和三盆を使い、少量のダークラムでコクを補う。
○ラムの甘いニュアンスを活かすよう、ライムの適量を探る。甘みと酸味のバランスが肝心だが、粉末状の和三盆は計量しづらく、また、すべて分量通りでもライムの状態により仕上がりが変わってくる。酸味を感じたら和三盆を、甘ければライムを加えて調整する。

11. ネバダ　Nevada

タイプ❶

ラム(バカルディーホワイト／冷凍)	35ml
グレープフルーツジュース	20ml
ライムジュース	5ml
アンゴスチュラビターズ	2drops
和三盆	1tsp.

材料をシェイクして、カクテルグラスに注ぐ。

point
○ラムとグレープフルーツの相性のよさを前面に出し、それぞれの甘さが活きた仕上がりに。グレープフルーツをやや多めに、ビターズを抑えめにしている。

12. メアリーピックフォード
Mary Pickford

タイプ ❹

ラム（バカルディーホワイト／冷凍）	30ml
パイナップルジュース	30ml
グレナデンシロップ（モナン）	1tsp.
チェリーリキュール（ルクサルド マラスキーノ）	1tsp.

材料をシェイクして、ダブルストレインでカクテルグラスに注ぐ。

point
○パイナップルのふわふわとしたテクスチャーを活かした、甘口のカクテル。パイナップルの熟し加減を見極め、空気をしっかりと含ませるようにひねりを加えて、茶漉しを通して（ダブルストレイン）グラスに注ぐ。
○マラスキーノは個性的な味わいなので、入れすぎに注意。ほんの少し加えて味に深みを出す。

13. クオーターデッキ　Quarter Deck

タイプ ❶

ラム（バカルディーホワイト／冷凍）	35ml強
シェリー（バルデスピノ イノセンテフィノ）	15ml
ライムジュース	10ml弱
和三盆	1tsp.

材料をシェイクして、カクテルグラスに注ぐ。

point
○ラムとシェリーを合わせた香り高いカクテル。スタンダードレシピに砂糖は入らないが、酸味がちなので和三盆を加えている。和三盆は、ラムの甘さを引き出すのはもちろん、シェリーの熟成香をマスキングする効果もある。

14. オールドファッションド
Old-Fashioned

タイプ ❹ / p.55

ウイスキー（ウッドフォードリザーブ）	50ml
ビターリキュール（グランクラシコ）	5ml
アップルシロップ*	5ml
アンゴスチュラビターズ	5dashes
オレンジピール	1片
グリオッティン	2個

＊アップルシロップ（ホームメイド）
果汁100％のリンゴジュース（市販）200mlとグラニュー糖100gを合わせて火にかけ、シナモンスティック1本を加えて約半量まで煮詰めたもの。

氷を入れたオールドファッショングラスに材料を注ぎ、ステアする。カクテルピンに刺したグリオッティンを飾り、短冊形のオレンジピールをひねって落とす。

point
○レシピのポイントは、グランクラシコ。このリキュールが味わいに奥行きと華やかさを加えて、ウイスキーとシロップとのいい「つなぎ」になる。
○角砂糖ではなく、ホームメイドのアップルシロップを使う。理由は、ウイスキーとの相性がよく、全体の香りを持ち上げてくれる。
○近年になって人気が再燃しているオールドファッションド。華やかで一体感があり、飲み飽きしない立体的な味わいをめざしたい。日本人バーテンダーは、欧米に比べるとビターズをうまく使いこなせていないように感じる。とくにオールドファッションドはビターズの使い方がポイントになるため、その点を意識して味を組み立てる。

15. ネグローニ　Negroni

タイプ ⓮

ジン（ロンドンヒル／冷凍）	5ml
ベルモット（カルパノ アンティカフォーミュラ）	15ml
カンパリ	10ml
ビターリキュール（グランクラシコ）	10ml
オレンジビターズ*	2drops
オレンジピール	1振り

＊オレンジビターズ（ホームブレンド）
　アンゴスチュラオレンジビター1：ノールドオレンジビター1

スニフターグラスに材料を入れ、よく混ぜ合わせる。氷を入れたオールドファッショングラスに注ぎ、軽くステアする。オレンジピールを振る。

point
○ネグローニのおいしさは、ジンのさわやかなニュアンスを活かしつつ、甘く、苦く、余韻が長く続くこと。カンパリとクラシコビター、2種類のビターリキュールを合わせるのがポイントで、とくにグランクラシコは熟成感と複雑みをもつカルパノとのよいつなぎ役になる。

16. ニューヨーク　New York

タイプ ❶

ウイスキー（シーグラム7クラウン／冷蔵）	45ml強

レシピ＆素材集

ライムジュース	15ml弱
グレナデンシロップ(モナン)	1tsp.
和三盆	1.5tsp.
オレンジピール	1振り

材料をシェイクして、カクテルグラスに注ぐ。オレンジピールを振る。

point
- シーグラムを冷蔵する理由は、ブラウンスピリッツはできるだけ希釈を少なくしたいから。材料を冷やすと、同じシェイクでも加水量を減らせる。
- ニューヨークはやや甘めが好みなので、意図的に酸味を抑えている。そのほうがウイスキーの甘みと香りが引き立つ。

17. チャーチル　Churchill

タイプ❶

ウイスキー(シーバス12年)	35ml
コアントロー	10ml強
ベルモット(カルパノ アンティカフォーミュラ)	5ml強
ライムジュース	10ml弱

材料をシェイクして、カクテルグラスに注ぐ。

point
- カルパノを加えることで、ウイスキーの甘みを活かしつつ、複雑でリッチな味わいに仕上がる。

18. アレキサンダー　Alexander

タイプ❶❺ / p.62

ブランデー(フラパンVSOP／冷蔵)	20ml
カカオリキュール(エギュベル カカオブラウン)	20ml
生クリーム(47% 9分立て)	32g

9分立てにした生クリームと材料を混ぜ合わせる。スローシェイクで仕上げ、クープグラスに注ぐ。好みでナツメグ(分量外)をごく少量振る。

point
- めざすのは圧倒的なふわふわ感。飲み終わる頃に泡が残るので、最後にスプーンを供する。
- 生クリームとカカオリキュールの甘やかな香りに、ブランデーの芳醇さが加わった人気のカクテル。ふわふわのテクスチャーに合わせて、ブランデーをやや控えめにしている。9分立てまで泡立てた生クリームに材料を加えてプレミックスし、冷やす目的のみでシェイクする。

19. ジャックローズ　Jack Rose

タイプ❹ / p.53

カルヴァドス(ペールマグロワール フィーヌ／冷蔵)	40ml弱
グレナデンシロップ*	15ml強
ライムジュース	5ml強

＊グレナデンシロップ(ホームメイド)
　フレッシュのザクロをガーゼで包んで搾ったもの:3とシロップ(カリブ):2を合わせる。加熱はせず、小分けにして冷凍保存。

材料をシェイクして、ダブルストレインでカクテルグラスに注ぐ。

point
- カルヴァドスの香りを引き立てるため、ひねりを加えたシェイクでしっかりと空気を含ませ、茶漉しを通して(ダブルストレイン)仕上げる。
- ホームメイドのグレナデンシロップは、ザクロが採れる時期にまとめて仕込み、冷凍しておく。ナチュラルで品のよい甘みが特徴で、これに替えてから全体にやさしい味わいになり、カルヴァドスの華やかな香りがさらに引き立つようになった。また、フレッシュ果汁を使うためシロップの粘性が下がり、2段ひねりから1段ひねりへとシェイクの方法を変更した(軽くなった)。

20. アメリカンビューティー　American Beauty

タイプ❹⓯ / p.56

ブランデー(フラパンVSOP ／冷蔵)	20ml
ノイリードライ	10ml
グレナデンシロップ(モナン)	10ml
オレンジジュース	20ml
ミントリキュール(ジェット31 ホワイト)	1tsp.
ポートワイン	フロート

材料をシェイクして、ダブルストレインでカクテルグラスに注ぐ。少量のポートワインをフロートする。

point
- エレガントで華やかな甘口カクテルで、ミントリキュールが心地よいアクセントに。
- ひねりを加えたシェイクで、ブランデーの風味を引き出す。ポートワインは入れすぎに注意し、2tsp.を目安に。

21. キャロル　Carol

タイプ❽

ブランデー（フラパンVSOP／冷蔵）	45ml
ベルモット（カルパノ アンティカフォーミュラ）	15ml
グリオッティン	1個
レモンピール	1振り

ミキシンググラスに氷を入れて霧吹きし、軽くステアする。材料を加えてステアし、カクテルグラスに注ぐ。カクテルピンに刺したグリオッティンを飾り、レモンピールを振る。

point
○マンハッタンのブランデー版。ブランデーの芳醇な香り、カルパノの熟成感と複雑みを引き出すのがポイントになる。

22. ハネムーン　Honeymoon

タイプ❹

カルヴァドス（ペールマグロワール フィーヌ／冷蔵）	35ml
ベネディクティン	15ml強
レモンジュース	10ml弱
グランマニエ	1tsp.

材料をシェイクして、ダブルストレインでカクテルグラスに注ぐ。

point
○カルヴァドスの芳醇な香りと、ハーブや紅茶のような香りをもつベネディクティンの複雑さが一体となった、華やかなカクテル。やや甘めがおいしいと感じる。
○カルヴァドスの香りを引き立てるため、ひねりを加えたシェイクでしっかりと空気を含ませ、茶漉しを通して（ダブルストレイン）仕上げる。

23. ジントニック　Gin & Tonic

タイプ⓮⓬ / p.57

ジン（ロンドンヒル／冷蔵）	40ml
ライムジュース（その場で搾る）	5ml
トニック（オリヅル）	100ml
ソーダ（オリヅル）	5ml
ライムピール	1振り

氷2個を入れたタンブラーに、ジンとその場で搾ったライムジュースを入れてよく混ぜ、全体を冷やす。氷1個を追加し、冷やしたトニックとソーダを注いで2回転ほどステアする。ライムピールを振る。

point
○搾りたてのライムは酸味がやわらかい。逆に、搾ってしばらくおいたものは、鋭角な酸を感じるためトニックと合わせにくい。その場で搾ったライムを使うこと。
○トニックとソーダを合わせるのは、トニックの甘みを中和させる目的。オリヅルのトニックとソーダはともにカクテル用に開発されたもので、トニックはカルダモンのさわやかな香りが効いて甘さ控えめ。ソーダは粗い泡と細かい泡とをブレンドしており、スピリッツとのなじみがよい。
○ジントニックは人気のカクテルというだけでなく、ベース、酸（ライム）、甘（トニック）のバランスや、ビルドにおける適量の見極め方などのポイントが凝縮されており、新人スタッフのトレーニングに最適。シンプルなレシピで、バーテンダーとしての感性を磨きたい。

24. ジンフィズ　Gin Fizz

タイプ❶⓬

ジン（ロンドンヒル／冷凍）	45ml強
レモンジュース	15ml弱
和三盆	2tsp.
ソーダ（オリヅル）	60ml
レモンピール	1振り

和三盆までの材料をシェイクして、タンブラーに注ぐ。冷やしたソーダを加えて、レモンピールを振る。ノンアイスで仕上げる。

point
○ショートとロングの中間という位置付け。シェイクしてからソーダで満たす。
○水っぽくなりやすいため、あえて氷を入れないノンアイスで提供する。そのためにタンブラーはよく冷やしておく。
○ジンフィズも、ベース（ジン）、酸（レモン）、甘（和三盆）のバランス感覚を養うのに最適なカクテルのひとつ。基本の形として確実に身につける。

25. モヒート　Mojito

タイプ⓬ / p.61

ラム（バカルディーホワイト／冷凍）	40ml
ダークラム（バカルディー8）	5ml
ライムジュース	10ml
シロップ（カリブ）	10ml
ミントの葉	10g
ソーダ（オリヅル）	30ml

ミントの葉	少量
ストロー	1本

タンブラーに、ミントの葉、シロップ、少量のクラッシュドアイスを入れ、ペストルで軽くつぶす。さらにクラッシュドアイスを7分目まで入れ、2種のラム、ライムジュースを加えて、上下を混ぜるようにステアする。ソーダを注いで軽くステアし、タンブラーの縁までクラッシュドアイスで満たす。ミントの葉とストローを飾る。

point
- 最初に、ミント、シロップ、氷を混ぜて、即席のミントシロップをつくるイメージ。ミントの葉をつぶしすぎないように注意する。
- ホワイトとダーク、2種類のラムを合わせてコクを出している。蒸し暑い時期に人気のさわやかなカクテルで、ラムとミントの調和がポイント。

26. モスコーミュール　Moscow Mule
タイプ❷

生姜インフューズドウオッカ*（スミノフ）	30ml
カットライム	1/4個分
ジンジャーエール（オリヅル）	90ml

*生姜インフューズドウオッカ
皮をむいてぶつ切りにしたショウガをウオッカに漬け込む。2日目から使え、ショウガを漬け込んだまま常温保存する。

銅製マグカップに、カットライムを搾って落とし、2cm角5個と4cm角1個の氷を入れる。ウオッカとジンジャーエールを注いで、軽くステアする。

point
- ショウガの香りを活かしたさわやかなカクテル。銅マグにグリーンが映えるため、搾ったカットライムはそのままマグへ。同様に、見映えを考えてサイズの違う氷を組み合わせた。
- レシピのポイントは、カクテル用に開発したジンジャーエール。通常のジンジャービアーに比べて格段に発泡力が強く、カラメル不使用のため見た目も透明で甘さもほどよい。かなりジンジャーが効いている。

27. ソルティードッグ　Salty Dog
タイプ❸ / p.57

ウオッカ（ソピエスキ／冷凍）	30ml
グレープフルーツジュース*	60ml
ボリビア岩塩	リムド

グレープフルーツピール	1振り

*グレープフルーツジュースについて
グレープフルーツやオレンジの果汁は味のバラつきが大きいため、仕込みのときに確認し、必要に応じて補糖（和三盆など）や補酸（レモンなど）で調整しておくと使いやすい。

岩塩でリムドしたオールドファッショングラスに氷を入れ、材料をシェイクして注ぎ、グレープフルーツピールを振る。

point
- グレープフルーツの香り、おいしさを表現するカクテル。空気をしっかり含むようにシェイクし、4cm氷1個を入れたロックスタイルで提供する。

28. グラスホッパー　Grasshopper
タイプ❶❺

ミントリキュール（ジェット27グリーン）	20ml
カカオリキュール（エギュベル カカオホワイト）	20ml
生クリーム（47% 9分立て）	32g

9分立てにした生クリームと材料を混ぜ合わせる。スローシェイクで仕上げ、クープグラスに注ぐ。

point
- 圧倒的なふわふわ感をめざす。味わいはチョコミントアイスのイメージ。飲み終わる頃に泡が残るので、最後にスプーンを供する。

29. マタドール　Matador
タイプ❹

テキーラ（クエルボクラシコ／冷凍）	30ml
パイナップルジュース	45ml
ライムジュース	5ml
和三盆*	1tsp.

*パイナップの熟し加減によって、和三盆をさらに増やして甘さを補う。

材料をシェイクする。ダブルストレインで、氷を入れたオールドファッショングラスに注ぐ。

point
- テキーラとパイナップの調和がおいしいカクテル。パイナップルジュースは、ひねりを加えたシェイクで空気含ませ、ふわふわの口あたりに。茶漉しで漉して（ダブルストレイン）仕上げる。

30. モッキンバード　Mockingbird

タイプ❶

テキーラ（クエルボクラシコ／冷凍）	35ml
ミントリキュール（ジェット27グリーン）	15ml強
ライムジュース	10ml弱

材料をシェイクして、カクテルグラスに注ぐ。

point
○テキーラの個性とミントのさわやかさは相性がよく、これらが一体となったカクテル。テキーラの甘みを引き出す、ライムの量に注意する。

31. バンブー　Bamboo

タイプ❼／p.59

シェリー（バルデスピノ イノセンテフィノ／冷蔵）	40ml
ベルモット*	20ml
オレンジビターズ**	2dashes

*ベルモット（ホームブレンド）
　ノイリープラット10：マンチーノビアンコ1
**オレンジビターズ（ホームブレンド）
　アンゴスチュラオレンジビター1：ノールドオレンジビター1

ミキシンググラスに氷を入れて霧吹きし、軽くステアする。材料を加えてステアし、カクテルグラスに注ぐ。

point
○竹林の静寂、凛とした日本人のたたずまいを連想させる。華やかではないが、きりっとした味わいを表現したい。横浜発祥のカクテルであり、個人的に大切にしたいスタンダードのひとつ。

32. ポーラーショートカット　Polar Short Cut

タイプ❾／p.60

ダークラム（バカルディー8）	20ml
ダークラム（ロンサカパ）	5ml
コアントロー	10ml
チェリーブランデー（ヒーリング）	15ml
ベルモット*（冷蔵）	10ml

*ベルモット（ホームブレンド）
　ノイリープラット10：マンチーノビアンコ1

材料をスニフターグラスに入れて、よく混ぜ合わせる。氷を入れたミキシンググラスでステアし、カクテルグラスに注ぐ。

point
○材料の粘性が高いため、スニフターグラスでプレミックスしてから、ステアする。
○ダークラムの芳醇な香りに、コアントローとヒーリングでボディ感を加えた飲みごたえのあるカクテル。葉巻との相性もよい。

33. カルーソー　Caruso

タイプ⓮❽

ジン（ロンドンヒル／冷凍）	35ml
ミントリキュール（ジェット27グリーン）	15ml
ベルモット*	10ml

*ベルモット（ホームブレンド）
　ノイリープラット10：マンチーノビアンコ1

ミキシンググラスに材料を注ぎ、軽く回して温度を上げる。氷を入れてステアし、カクテルグラスへ注ぐ。

point
○マティーニの延長線上にあり、ミント風味のマティーニといったイメージ。ミントリキュールの甘みが加わり、つややかできれいな透明感のあるカクテル。
○マティーニと同じく、冷凍したジン（－15℃）と残りの材料を常温のミキシンググラスに入れ、グラスを冷やしながら液体を約3℃まで上げる。その後、通常通りにステアする。
○ていねいで緻密なステアを心がける。ステアをしすぎて必要以上に希釈が進み、味が伸びないように注意する。

34. パリジャン　Parisian

タイプ❾

ジン（ロンドンヒル／冷凍）	35ml
カシスリキュール	15ml
ベルモット*	10ml

*ベルモット（ホームブレンド）
　ノイリープラット10：マンチーノビアンコ1

材料をスニフターグラスに入れて、よく混ぜ合わせる。氷を入れたミキシンググラスでステアし、カクテルグラスへ注ぐ。

point
- マティーニの延長線上にあり、ジンの香りを活かしながら、カシスの厚みとボディ感を溶け込ませたカクテル。ホームブレンドのベルモットがよい「つなぎ」になる。
- カシスリキュールは粘性が高く、また冷凍したジンとは混ざりにくいため、スニフターグラスであらかじめよく混ぜておく。
- ていねいで緻密なステアを心がける。ステアをしすぎて必要以上に希釈が進み、味が伸びないように注意する。

35. アビエイション　Aviation
タイプ❸

ジン（ロンドンヒル／冷凍）	45ml強
レモンジュース	15ml弱
チェリーリキュール（ルクサルドマラスキーノ）	1tsp.強

材料をシェイクして、カクテルグラスに注ぐ。

point
- さわやかな飲み口のさっぱりとしたカクテル。ジンとレモンで調和をとり、アクセントにマラスキーノを加える。入れすぎないように注意する。

36. シャンゼリゼ　Champs-Élysées
タイプ❹

ブランデー（フラパンVSOP／冷蔵）	35ml
シャルトリューズ（ジョーヌ）	20ml弱
レモンジュース	10ml弱
アンゴスチュラビターズ	2drops

材料をシェイクして、ダブルストレインでカクテルグラスに注ぐ。

point
- サイドカーと同じく、レモンによる酸味のストライクゾーンが狭いカクテル。少ないとダラっとして飲み飽きてしまい、多いとブランデーの芳醇な余韻がなくなるので、レモンジュースの量、酸味の加減に注意する。
- ひねりを加えたシェイクでしっかりと空気を含ませ、茶漉しを通して仕上げる。ブランデーとシャルトリューズの甘みと香りを引き出すように。

37. ビトウィーン・ザ・シーツ　Between the Sheets
タイプ❹

ブランデー（フラパンVSOP／冷蔵）	20ml
ラム（バカルディーホワイト）	20ml
コアントロー	20ml
レモンジュース	1tsp.

材料をシェイクして、ダブルストレインでカクテルグラスに注ぐ。

point
- アルコール度の高いカクテルだが、甘みがちで意外に飲みやすい。ブランデーの芳醇な香りを引き出すため、ひねりを加えたシェイクで空気を含ませ、茶漉しを通して仕上げる。

38. アースクウェイク　Earthquake
タイプ❶

ジン（ロンドンヒル／冷凍）	30ml
ウイスキー（シーバス12年）	20ml
ペルノー	10ml

材料をシェイクして、カクテルグラスに注ぐ。

point
- ウイスキーのボリューム感とほのかな甘みが特徴の、アルコール度の高いカクテルだが、調和がとれると飲みやすくなる。ポイントはペルノーの量。スタンダードレシピではすべて同量だが、減らすことで一体感が生まれる。

39. フォールンエンジェル　Fallen Angel
タイプ❸

ジン（ロンドンヒル／冷凍）	45ml強
レモンジュース	15ml弱
ミントリキュール（ジェット31ホワイト）	1tsp.
オレンジビターズ*	1dash
アンゴスチュラビターズ	1drop

*オレンジビターズ（ホームブレンド）
　アンゴスチュラオレンジビター1：ノールドオレンジビター1

材料をシェイクして、カクテルグラスに注ぐ。

point
- アビエイションと同じく、ジンとレモンで骨格をつくり、ミントとビターズでアクセントをつける。

オレンジビターズで華やかさを添えた。ジンの甘さを引き立てるレモンの量がポイントで、ミントやビターズが出すぎないように注意する。

40. ギブソン　Gibson

タイプ❿

ジン（No.3ジン／冷凍）	55ml強
ベルモット*	5ml弱
オレンジビターズ**	1drop
パールオニオン	1個
レモンピール	1振り

＊、＊＊ともに31.バンブーを参照。

ミキシンググラスに材料を注ぎ、軽く回して温度を上げる。氷を入れてステアし、カクテルグラスへ注ぐ。カクテルピンに刺したパールオニオンを飾り、レモンピールを振る。

point
○クラシカルな味わいで、どちらかというと飾り気のない印象のNo.3ジン。このジンをベルモットとビターズで、モダンでお洒落に仕立てるイメージ。スピーディかつ長めにステアして、華やかに仕上げる。

41. コペンハーゲン　Copenhagen

タイプ❶

アクアビット（オルボー／冷凍）	35ml
マンダリンリキュール（ナポレオン）	15ml強
レモンジュース	10ml弱

材料をシェイクして、カクテルグラスに注ぐ。

point
○アクアビットのアニス香と、マンダリンの風味をシェイクで調和させる。ホワイトレディ、バラライカ、マルガリータなどと同じく、ベースと甘みと酸の3点のバランスを意識する。

42. レッドバイキング　Red Viking

タイプ❶／p.61

アクアビット（オルボー／冷凍）	20ml強
チェリーリキュール（ルクサルドマラスキーノ）	20ml弱
コーディアルライム（エトナスィートライム）	20ml

材料をシェイクして、氷を入れたカクテルグラスに注ぐ。

point
○アクアビットのアニス香と、マラスキーノの種子のような香りをシェイクで調和させる。

43. ブラッディメアリー　Bloody Mary

タイプ❿❸

ウオッカ（ソビエスキ／冷凍）	30ml
フルーツトマト*	90g
ボリビア岩塩	リムド

＊フルーツトマトは固いと果汁がとれないので、やわらかくなるまでしばらくおく。トマトの味がすべてなので、必要に応じて補糖・補酸を行ない調節する。果汁が少ない場合は、オレンジジュースやクランベリージュース（市販品）で補う。

材料をブレンダーで撹拌し、茶漉しを通してからシェイクする。岩塩でリムドしたオールドファッションドグラスに氷を入れ、注ぐ。

point
○トマトの旨みを前面的に打ち出した、素材そのものを味わうカクテル。グラスをリムドし、ロックススタイルで提供する。
○トマトの熟し加減を見極め、ハンドミキサーでしっかりと撹拌し、きれいに漉す。この手順を踏んでから、空気を含ませるためにシェイクする。

44. ホットバタードラムラテ　Hot Buttered Rum Latte

タイプ⓮／p.60

ダークラム（バカルディー8）	20ml
ダークラム（マイヤーズ）	10ml
シンプルシロップ*	10ml
クレームブリュレシロップ（モナン）	1tsp.
ブレンドバター**	1tsp.
牛乳	90ml
シナモンパウダー	適量

＊シンプルシロップ（ホームメイド）p.44参照。
＊＊ブレンドバター（ホームメイド）
　カルピスバター300g、黒糖50g、ハチミツ20g、マイヤーズ25g、シナモンパウダー1g。バターを常温に戻してすべての材料と混ぜ合わせる。

牛乳以外の材料を合わせ、半分はそのまま電子レンジに20秒間かけて温める。残りは牛乳を加え、エアロチーノ（ネスレ）で温めながらフォームミルクをつくる。これらを温めたタンブラーで合わせて軽くス

テアし、シナモンパウダーを振る。

point
○ ホットバタードラムカウを進化させた冬のスペシャリテ。フォームミルクのふわふわとした泡を楽しむホットカクテルで、エアロチーノでつくると手間なく、きめ細かい泡ができる。
○ 熱せられたアルコールの旨みに加え、2種類のダークラムがコクを生む。あらかじめタンブラーに湯を入れて温めておく。

45. アイリッシュコーヒー　Irish Coffee
タイプ❶

アイリッシュウイスキー(ジェムソン)	25ml
ホットコーヒー*	120ml
ブラウンシュガー	2tsp.
生クリーム(47% 7分立て)	40ml

＊マンデリン主体のブレンドで、ハンドドリップ、またはサイフォンで濃いめに抽出し、淹れたてを使う。

耐熱グラス(直火用)にウイスキーと砂糖を入れ、アルコールランプなどで火を付けて10秒間ほどフランベする。コーヒーを注ぎ、軽く混ぜて砂糖を完全に溶かす。7分立ての生クリームをフロートする。

point
○ アルコールの熱した旨みを、コーヒーと生クリームとともに味わう。お客さまの前でフランベを行なうときは事故がないように注意する。

46. サンジェルマン　St.Germain
タイプ❶❹

シャルトリューズ(ヴェール)	40ml
レモンジュース	10ml
グレープフルーツジュース	20ml
卵白	1個分

材料をブレンダーで撹拌してから、シェイクする。ダブルストレインでカクテルグラスに注ぐ。

point
○ 卵白を泡立てるため長くシェイクするのではなく、ブレンダーで泡立て(プレミックス)、それをシェイクするという流れ。ひねりを加えたシェイクにより、ベースの香りを立てつつ、泡立てた卵白にさらに空気を含ませる。
○ ふわふわとした卵白のテクスチャーと、レモンの酸は調和しにくいため、スタンダードレシピよりレモンの量を減らしている。より一体感が出てき

たと感じる。

47. フレンチ75　French 75
タイプ❶⓬

ジン(ロンドンヒル/冷凍)	45ml強
レモンジュース	15ml弱
和三盆	2tsp.
ペルノー	2dashes
シャンパーニュ	60ml

ペルノーまでの材料をシェイクする。氷を入れたタンブラーへ注ぎ、シャンパーニュを静かに加える。

point
○ 日本ではあまり見られない、ペルノーを使ったレシピ。発祥とされるハリーズ・ニューヨークバーとほぼ同じ組み立てにしている。ハリーズでは、ペルノーで味の奥行きと心地よいアクセントを添えており、同じような仕上がりをめざしている。
○ ジンフィズと同じく、シェイクしてから炭酸を注ぎ入れるスタイル。シャンパーニュの酸味が加わることを考慮し、シェイクの段階で和三盆を加えてやや甘口にしておく。

48. ブランデーブレイザー
Brandy Blazer
タイプ⓮／p.60

ブランデー(フラパンVSOP／冷蔵)	45ml
アップルシロップ*	5ml
オレンジピール	1片
レモンピール	1片

＊アップルシロップ(ホームメイド)
果汁100%のリンゴジュース(市販)200mlとグラニュー糖100gを合わせて火にかけ、シナモンスティック1本を加えて約半量まで煮詰めたもの。

耐熱グラス(直火用)に材料を入れて軽くステアし、アルコールランプなどで10秒間ほどフランベする。ピールを除き、カクテルグラスに注ぐ。

point
○ ブランデーをぬる燗につけたイメージ。やや甘口で薫り高く、熱したアルコールの旨みが加わった複雑な味わい。
○ オレンジとレモンのピールは短冊形のものをひねって材料に落とし、フランベしてから取り除いてしっかりと香りを付けている。
○ お客さまの前でフランベを行なうときは、充分に注意する。

49. サゼラック　Sazerac

タイプ⓫ / p.62

ライウイスキー(オールドオーバーフォルト)	60ml
ペイショーズビターズ	5dashes
ペルノー	6dashes
角砂糖	1個
レモンピール	1片

ミキシンググラスに材料を入れ、ペストルでつぶしながら混ぜる。氷を入れてステアし、冷えたオールドファッショングラスへ注ぎ、レモンピールをひねって落とす。

point
- 常温の素材で砂糖を溶かすため、希釈が進みすぎないように手早く、しかし長めにステアする。

50. シャンハイ　Shanghai

タイプ❹

ダークラム(アプルトン12年)	35ml
アニスリキュール(アニゼット)	10ml
グレナデンシロップ(モナン)	5ml強
レモンジュース	10ml弱

材料をシェイクして、ダブルストレインでカクテルグラスに注ぐ。

point
- ダークラムの芳醇さに、アニスのエキゾチックな香りが加わった東洋的なニュアンスをもつカクテル。ダークラムを引き立てる、アニスリキュール、グレナデン、レモンのバランスを探る。
- ひねりを加えたシェイクで、さらに空気を含ませ、ダークラムの香りを引き出す。茶漉しを通して(ダブルストレイン)仕上げる。

51. スティンガー　Stinger

タイプ❹

ブランデー(フラパンVSOP/冷蔵)	45ml
ミントリキュール(ジェット31ホワイト)	15ml

材料をシェイクして、ダブルストレインでカクテルグラスに注ぐ。

point
- ブランデーの豊かな香りとミントのさわやかさが一体となった、古典的なカクテル。ブランデーの銘柄に合わせてリキュールの量を調整する。
- ブランデーの香りを立てるため、ひねりを加えたシェイクで、茶漉しを通して仕上げる。

52. ゴールデンキャデラック　Golden Cadillac

タイプ⓮❺

ハーブリキュール(リコール)＊	20ml
カカオリキュール(エギュベルホワイト)	20ml
生クリーム(47% 9分立て)	32g

＊リコールは、ガリアーノの代用として使用。

9分立てにした生クリームと材料を混ぜ合わせる。スローシェイクで仕上げ、クープグラスに注ぐ。

point
- バニラアイスのように甘くやわらかく、どこか懐かしい味わい。飲み終わる頃に泡が残るので、最後にスプーンを供する。

53. シンガポールスリング　Singapore Sling

タイプ❻ / p.54

ジン(ロンドンヒル/冷凍)	30ml
ベネディクティン	10ml
コアントロー	10ml
チェリーブランデー(ピーターヒーリング)	15ml
グレナデンシロップ(モナン)	10ml
アンゴスチュラビターズ	2dashes
パイナップルジュース	100ml
ライムジュース＊	10〜15ml

＊ライムジュースは、パイナップルの熟し加減をみて、加える量を調節する。シェイクの前に味を確認する。

材料をボストンシェイカーに入れてシェイクし、氷ごとスリンググラスへ注ぐ。

point
- 材料の種類も分量も多いレシピだが、トロピカルで一体感のあるカクテルに仕上げる。大きなボストンシェイカーは扱いにくいが、しっかりと振って味わいに一体感が出るように。
- レシピ自体はやや甘め。パイナップルの状態をみて、ライムで調節する。

54. ラスティーネイル　Rusty Nail

タイプ⓮

スコッチウイスキー(タリスカー10年)	30ml

| ドランブイ | 15ml |

材料をスニフターグラスに入れ、よく混ぜ合わせる。氷を入れたオールドファッショングラスへ注ぎ、軽くステアする。

point
○ 重厚な甘みをもつドランブイのなかに、タリスカーの個性が垣間見えるようなバランスが理想。ドランブイは粘性が高いため、あらかじめスニフターグラスでプレミックスする。

55. フレンチコネクション
French Connection

タイプ⑭／p.52

ブランデー（フラパンVSOP／冷蔵）	30ml
アマレット	15ml
マール ド ブルゴーニュ	0.5tsp.

材料をスニフターグラスに入れ、よく混ぜ合わせる。氷を入れたオールドファッショングラスへ注ぎ、軽くステアする。

point
○ ブランデーとアマレットの相性のよさがもたらす、とても芳醇なカクテル。マールを加えることで、さらに奥行きと味の膨らみが出る。ブランデーをカルヴァドスに替えてもおいしい。
○ レシピや技法ではなく、銘柄の選定（および状態の見極め）がポイントになるカクテル。オールドボトルが入荷したときなど、仕上がりの違いを試してほしい。

56. テキーラサンライズ
Tequila Sunrise

タイプ❸⑮

テキーラ（クエルボクラシコ／冷凍）	30ml
オレンジジュース	60ml
グレナデンシロップ（モナン）＊	1tsp.

＊この場合、最後に加えたシロップは沈む。

テキーラとオレンジジュースをシェイクして、氷を入れた小ぶりのタンブラーへ注ぐ。同じシェイカーにグレナデンを入れて軽くシェイクし、先ほどのタンブラーへ重ねて注ぐ。

point
○ 1回目のシェイク後、同じシェイカーのトップを開けてストレーナーの上からグレナデンを注ぎ入れ、軽く5～6回シェイクする。
○ あとから注いだグレナデンは、重みで下方へ沈み、境目がきれいなグラデーションになる。同じシェイカーを使う意味は、グレナデンを冷やすことと、加水により濃度を下げる目的。また、先のカクテルがほんの少し混ざることで、味のつながりができ、マドラーがなくても飲んでいるうちに自然と混ざり合う。

57. グレートサンライズ
Great Sunrise

タイプ❷⑫／p.54

ウオッカ（アブソリュート ベリアサイ）	30ml
ピーチリキュール（ピーチツリー）	10ml
グレープフルーツシロップ（モナン）	10ml
パッションフルーツフルーツミックス（モナン）	15ml
マンゴーネクター（カライボス）	10ml
ペリエ	15ml
マラスキーノチェリー	1個

ペリエ以外をシェイクして、カクテルグラスへ注ぎ、ペリエを加える。最後にチェリーを入れ、デコレーション（オレンジピール、レモンピール、リンゴ、マラスキーノチェリー、パイナップルの葉）を飾る。

point
○ 2011年のワールドカクテルコンペティションで、総合優勝を果たしたオリジナルカクテル。同年に起こった東日本大震災からの復興を願い、トロピカルな味わいで明るく元気が出るようなカクテルに仕上げた。日本の象徴である桜をデコレーションで表現。

58. レオン　Leon

タイプ❷

ラム（バカルディーホワイト／冷凍）	30ml
パッションフルーツリキュール（キングストン）	20ml
アマレットシロップ（モナン）	10ml
紫蘇リキュール	5ml弱
レモンジュース	5ml強

材料をシェイクして、カクテルグラスに注ぐ。

point
○ グレートサンライズが世界一なら、こちらは日本一に輝いた作品。しし座流星群をモチーフにした、ラムとパッションフルーツの南国らしい味わい。夏の星座をイメージしている。

59. トマトマティーニ　Tomato Martini
タイプ ❻

ジン(ロンドンヒル／冷凍)	50ml
フルーツトマト	60g
バジルの葉	1/2枚
E.V.オリーブオイル	1tsp.
ボリビア岩塩	リムド

材料をボストンシェイカーに入れて、ペストルでつぶす。氷を入れてシェイクし、ダブルストレインで、岩塩をリムドした大きめのカクテルグラスに注ぐ。

point
- どこかイタリアン風味のトマトのマティーニ。
- ボストンシェイカーのパイントグラスのほうに材料を入れて、ペストルでつぶし混ぜる。フルーツトマトの状態が仕上がりを左右するため、実がやわらかくなり、果汁がよく出るものを使う。

60. ゴールデンドリーム
Golden Dream
タイプ ⓮❺

ハーブリキュール(リコール)＊	20ml弱
コアントロー	15ml
オレンジジュース	10ml強
生クリーム(47% 9分立て)	28g

＊リコールは、ガリアーノの代用として使用。

9分立てにした生クリームと材料を混ぜ合わせる。スローシェイクで仕上げ、クープグラスに注ぐ。

point
- オレンジと生クリームを合わせた、ヨーグルトのような味わい。飲み終わる頃に泡が残るので、最後にスプーンを供する。

61. フローズンダイキリ
Frozen Daiquiri
タイプ ⓰ / p.54

ラム(バカルディーホワイト／冷凍)	45ml
ライムジュース	15ml
シロップ(カリブ)	5ml
和三盆	1tsp.
チェリーリキュール(ルクサルドマラスキーノ)	1tsp.
ミントの葉	適量
ストロー	1本

クラッシュドアイスと材料を合わせてブレンダーで撹拌する。冷やしたカクテルグラスに注いで、ミントとストローを飾る。

point
- ライム(酸)と砂糖(甘)のバランスがポイント。砂糖は、シロップと和三盆を合わせて厚みを出している。氷が加わることと、冷えるので、ほんの少し甘めにしておくと、仕上がりのバランスがちょうどよく感じる。
- クラッシュドアイスの量は、使用するブレンダーによっても適量が変わるので注意する。少なめで撹拌し、ゆるいようなら後から氷を足すことも可能。「フランス料理のソースにおけるバターの量」というくらい適量は難しい。

62. ウイスキーサワー　Whisky Sour
タイプ ⓱❹ / p.54

バーボン(ブレットバーボン)	45ml強
レモンジュース	15ml弱
シロップ(カリブ)	2tsp.
卵白	1個分
アンゴスチュラビターズ	3dashes
レモンピール	1片

材料をブレンダーで撹拌して、シェイクする。ダブルストレインでクープグラスへ注ぎ、ビターズを3滴落とす。カクテルピンで筋を入れ、レモンピールを振る。

point
- 卵白を加え、ふわふわの口あたりに仕上げたスタイル。材料をブレンダーでプレミックスしてから、ひねりを加えたシェイクでバーボンの香りを引き出し、茶漉しを通して仕上げる。

フレッシュ素材
扱い方のポイントとカクテルへの展開例

担当：宮之原拓男

凡例

Ａ —— **素材について**
使いやすい時期、おもな産地、品種。
目利きと扱い方のポイントなど。

Ｂ —— **カクテルへの展開例**
かんきつ類は、追熟の段階ごとに合わせやすい素材やカクテル名を記した。それぞれ、❶入荷直後、❷1週間から10日間、❸2週間以上（日数はあくまで目安）。オリジナルカクテルは、とくに記載がなければ好みのベース酒を使う。

レモン

A

オールシーズン。カリフォルニア産など。ツヤ、ハリがあってみずみずしく、手にとると中の白いワタが薄く感じられるもの。表皮に凹凸があるものは水分が少ないので避ける。ピール用に皮をむいた残りは、ラップで包んでタッパーに入れ、冷気の当たらない野菜室で追熟させる(p.75参照)。基本的にオーダーごとにジュースを搾り、香りを活かす。

B

❶ピール…マティーニなど。
　ジュース…スタンダードのショートカクテル、ウオッカリッキー。
❷ピール…カイピロスカなど。
　ジュース…スタンダードのショートカクテル。カイピロスカ(キウイ)、オリジナルa(パイナップル、パセリ、バジル)など。
❸ピール…無し。
　ジュース…フルーツカクテルのつなぎ(酸味の付加)に。サイドカー、ホワイトレディ、ウイスキーサワー(卵白)、オリジナルb(パパイヤ、ココナッツ、牛乳)、オリジナルc(バナナ、コーヒー豆 p.84)、オリジナルd(キウイ、コリアンダー、テキーラ、アガベ)など。

ライム

A
オールシーズン。メキシコ産など。基本はレモンと同じ。大きめのものを選び、ラップで包んで冷蔵保存。使う直前にピールが傷まない程度に水洗いする。

B
❶ピール…ジントニックなど。
　ジュース…ギムレット、ジンライム、ジントニック、モスコーミュールなど。グラスの中に落とす場合は、皮をナプキンでしっかりと拭く(p.79参照)。
❷ピール…ジンリッキーなど。
　ジュース…ジンリッキー(ローズマリー)、モヒート(ミント p.85)などはグラス中に落とすので皮を軽く拭く。オールドファッションドは皮を拭かない。オリジナル a (ザクロ、オレンジ、ブラウンシュガー)など。
❸ピール…無し。
　ジュース…フルーツカクテルのつなぎ(酸味の付加)に。ギムレット、マルガリータ、ジャックローズ(ザクロ)、モスコーミュール(ショウガ p.82)、オリジナル b (メロン、ミント、ココナッツ)、オリジナル c (ドラゴンフルーツ、レモングラス p.93)など。

オレンジ

A
オールシーズン。フロリダ産など。基本はレモンと同じ。

B
❶ピール…ネグローニ、マンハッタン、オールドファッションドなど。
❷ピール…ミントジュレップなど。
　ジュース…フルーツカクテルのつなぎに。オリジナル a (ザクロ、シナモン)、オリジナル b (パイナップル、ココナッツ)など。
❸ピール…無し。
　ジュース…カンパリオレンジ、ミモザなどの材料に。オリジナル c (パッションフルーツ、シナモン、ミント p.88)、オリジナル d (マンゴー、ミント、ヨーグルト)など。

グレープフルーツ

A
オールシーズン。フロリダ産、南アフリカ産など。基本はレモンと同じ。つねに2〜3週間以上、追熟させたものを使用する。

B
❶ピール…無し。グレープフルーツ全体を追熟させるため、ピールはむかない。
❷ピール…ホワイトネグローニなど。
　ジュース…さっぱり系のフルーツカクテル。ホワイトミモザなど。
❸ピール…無し。
　ジュース…ソルティドッグ、パロマなど。

柚子

A
夏、冬。高知、徳島産。柚子らしい芳香がとんでしまうので、追熟はさせず入荷後すぐに使う。

B
ピール…マティーニ、ジントニック（クラフトジンを使う）など。
ジュース…オリジナルa（シソ）など。

金柑

A
冬。鹿児島、宮崎産。金柑のおいしさの要である、皮の「ほの苦み」がとんでしまうので追熟はせず、入荷後すぐに使う。金柑はブレンダーにかけると特有の味わいが失われるので、カットして種を取り、ペストルなどでつぶして丸ごと使う。

B
丸ごと…ジントニック(p.91)、マティーニ（柚子）、ウオッカトニック（ショウガ）など。

デコポン

A
冬。熊本産。産地で追熟・選別され、充分に糖度がのった状態で市場流通しているため、入荷後すぐに使う。さらに凝縮度を高めたい場合は、しばらくおいてもよい。

B
ジュース…オリジナルa（果肉ごと使う）など。

トマト

A
オールシーズン。アメーラトマト。静岡、長野産。甘み、酸味、トマトらしい青っぽさなど、味わいが多層的で凝縮感のあるタイプ。小ぶりで皮が薄いものが使いやすい。ヘタの色が変わり、果肉がやわらかくなるまで追熟させる(p.76参照)。

B
ブラッディメアリー（ワサビ、しょうゆ p.83）、オリジナルa（テキーラ、オールドファッション風）など。

キュウリ

A
オールシーズン。イボのはっきりしている新鮮なものを使う。ラップに包んで冷蔵保存。

B
ギムレット（バジル）、ダイキリなど。

スイカ

A
夏。熊本、茨城産など。味の濃い、小ぶりな品種のものが使いやすい。追熟させない。ブレンダーで完全にピュレ状にしたり、ジュースを漉すと特有の香りがとんでしまうので、食感が残るように仕上げる。

B
ソルティードック、マティーニ（塩）など。

イチゴ

A
冬から春。福岡産ほか。大粒で甘みの強いもの。表皮が薄く、乾燥に弱いので入荷後すぐに使う。

B
レオナルド（p.86）、オールドファッション、マルガリータ（塩）など。

桃

A
夏。山梨産など。白桃系。常温に1週間ほどおいて追熟させてから使う。しばらくおくと白色から赤みがかって全体が締まり、産毛が減ってくる。手で触ってわかるほど果肉がやわらかなると、手で皮がむけるので果汁が無駄にならない（p.78参照）。

B
ベリーニ（p.81）、オリジナルa（ミント、ジン）、オリジナルb（塩、テキーラ）など。

ブドウ

A
夏から秋。山梨、長野産。巨峰、マスカットなど。しばらくおくとブドウの軸が枯れて茶色になり、味わいが凝縮してくる（p.76参照）。

B
ティツィアーノ（巨峰 p.90）、ピスコサワー（マスカット）、オリジナルa（テキーラやジンなどのスピリッツ）、オリジナルb（ウイスキーやブランデー、ダークラムなどのブラウンスピリッツ）など。

柿

A
秋から冬。岐阜、和歌山産など。富有柿などの果肉がやわらかくなるタイプ。追熟させるが、あまり熟しすぎても扱いにくい。

B
オリジナルa（p.92）、オリジナルb（抹茶）など。

ザクロ

A
夏から秋。カリフォルニア産など。最初はまばらなピンク色の果皮が、黒ずんでくるまでおいて追熟させる。ナイフで上下を落としてから、水の中でばらすと実がつぶれずきれいにとれる（p.79参照）。

B
○即席グレナデンシロップ…ザクロの果肉（粒）2tbsp.粉糖2tsp.（またはシロップ10ml）を合わせ、ペストルでしっかりとつぶし混ぜる。ジャックローズなどに。
○カクテルのつなぎ（オールドファッションド、マティーニなど）に。

イチジク

A
夏から秋。愛知産など。風の当たらない涼しい場所において追熟させる。全体に少しずつ赤み・甘みが出てきて、ひと回り小さくなる。

B
オリジナルa（塩、レモン p.89）など。

バナナ

A
オールシーズン。フィリピン産、ハワイ産など。常温におき、皮にシュガースポットと呼ばれる黒い斑点が出てきたら使う(p.76参照)。基本的に熟した甘いバナナを使うが、あえて熟す前の酸味を活かすこともある。冷蔵庫に入れると日持ちはするが、皮全体が黒ずんでくる。

B
ダイキリ(コーヒー豆、レモン p.84)など。

パッションフルーツ

A
初夏から秋。沖縄、鹿児島、宮崎産など。表皮につやがあるものは酸味があるので、1週間ほどおいてシワシワになるまで追熟させてから使う(p.77参照)。

B
オールドファッションド(ラム p.88)など。

Index

Ⓜ は宮之原さんのレシピ

◇ 五十音順

あ

- アースクウェイク　Earthquake — 114
- アイリッシュコーヒー　Irish Coffee — 116
- アビエイション　Aviation — 114
- アメリカンビューティー　American Beauty — 56,110
- アレキサンダー　Alexander — 62,110
- Ⓜ イチジクのカクテル　Fig Cocktail — 89
- ウイスキーサワー　Whisky Sour — 54,119
- エクスワイズィ　X.Y.Z. — 107
- オールドファッションド　Old-Fashioned — 55,109

か

- Ⓜ 柿のカクテル　Persimmon Cocktail — 92
- カルーソー　Caruso — 113
- ギブソン　Gibson — 115
- ギムレット　Gimlet — 107
- キャロル　Carol — 111
- Ⓜ 金柑のジントニック　Kumquat Gin & Tonic — 91
- クオーターデッキ　Quarter Deck — 109
- グラスホッパー　Grasshopper — 112
- グレートサンライズ　Great Sunrise — 54,118
- ゴールデンキャデラック　Golden Cadillac — 117
- ゴールデンドリーム　Golden Dream — 119
- コペンハーゲン　Copenhagen — 115

さ

- サイドカー　Sidecar — 61,107
- サイレントサード　Silent Third — 108
- サゼラック　Sazerac — 62,117
- サンジェルマン　St. Germain — 116
- ジャックローズ　Jack Rose — 53,110
- シャンゼリゼ　Champs-Élysées — 114
- シャンハイ　Shanghai — 117
- シンガポールスリング　Singapore Sling — 54,117
- ジントニック　Gin & Tonic — 57,111
- Ⓜ ジントニック　Gin & Tonic — 80
- ジンフィズ　Gin Fizz — 111
- スティンガー　Stinger — 117
- ソルティードッグ　Salty Dog — 57,112

た

- ダイキリ　Daiquiri — 108
- チャーチル　Churchill — 110
- ティツィアーノ　Tiziano — 90
- テキーラサンライズ　Tequila Sunrise — 118
- トマトマティーニ　Tomato Martini — 119
- Ⓜ ドラゴンフルーツのカクテル　Dragon fruits Cocktail — 93

な

- ニューヨーク　New York — 109
- ネグローニ　Negroni — 109
- ネバダ　Nevada — 108

は

- Ⓜ バナナダイキリ　Banana Daiquiri — 84
- ハネムーン　Honeymoon — 111
- バラライカ　Balalaika — 108
- パリジャン　Parisian — 113
- バンブー　Bamboo — 59,113
- ビトウィーン・ザ・シーツ　Between the Sheets — 114
- フォールンエンジェル　Fallen Angel — 114
- ブラッディメアリー　Bloody Mary — 115
- Ⓜ ブラッディメアリー　Bloody Mary — 83
- ブランデーブレイザー　Brandy Blazer — 60,116
- フレンチ75　French 75 — 116
- フレンチコネクション　French Connection — 52,118
- フローズンダイキリ　Frozen Daiquiri — 54,119
- Ⓜ ベリーニ　Bellini — 81
- ポーラーショートカット　Polar Short Cut — 60,113
- ホットバタードラムラテ　Hot Buttered Rum Latte — 60,115
- ホワイトレディ　White Lady — 64,107

ま

- マタドール　Matador — 112
- マティーニ　Martini — 51,106
- マルガリータ　Margarita — 63,108
- マンハッタン　Manhattan — 63,106
- メアリーピックフォード　Mary Pickford — 109
- モスコミュール　Moscow Mule — 112
- Ⓜ モスコミュール　Moscow Mule — 82
- モッキンバード　Mockingbird — 113
- モヒート　Mojito — 61,111
- Ⓜ モヒート　Mojito — 85

ら

- ラスティーネイル　Rusty Nail — 117
- Ⓜ ラム・パッションフルーツ・オールドファッションド　Rum Passion fruits Old-Fashioned — 88
- Ⓜ リンゴのカクテル　Apple Cocktail — 87
- Ⓜ レオナルド　Leonardo — 86
- レオン　Leon — 118
- レッドバイキング　Red Viking — 61,115

◇ ベースの酒類別

ウイスキー

- アイリッシュコーヒー　Irish Coffee ── 116
- ウイスキーサワー　Whisky Sour ── 54,119
- オールドファッションド　Old-Fashioned ── 55,109
- サイレントサード　Silent Third ── 108
- サゼラック　Sazerac ── 62,117
- チャーチル　Churchill ── 110
- ニューヨーク　New York ── 109
- マンハッタン　Manhattan ── 63,106
- ラスティーネイル　Rusty Nail ── 117

ウオッカ

- Ⓜ イチジクのカクテル　Fig Cocktail ── 89
- Ⓜ 柿のカクテル　Persimmon Cocktail ── 92
- グレートサンライズ　Great Sunrise ── 54,118
- ソルティードッグ　Salty Dog ── 57,112
- バラライカ　Balalaika ── 108
- ブラッディメアリー　Bloody Mary ── 115
- Ⓜ ブラッディメアリー　Bloody Mary ── 83
- モスコーミュール　Moscow Mule ── 112
- Ⓜ モスコーミュール　Moscow Mule ── 82
- Ⓜ リンゴのカクテル　Apple Cocktail ── 87

ジン

- アースクウェイク　Earthquake ── 114
- アビエイション　Aviation ── 114
- カルーソー　Caruso ── 113
- ギブソン　Gibson ── 115
- ギムレット　Gimlet ── 107
- Ⓜ 金柑のジントニック　Kumquat Gin & Tonic ── 91
- シンガポールスリング　Singapore Sling ── 54,117
- ジントニック　Gin & Tonic ── 57,111
- Ⓜ ジントニック　Gin & Tonic ── 80
- ジンフィズ　Gin Fizz ── 111
- トマトマティーニ　Tomato Martini ── 119
- ネグローニ　Negroni ── 109
- パリジャン　Parisian ── 113
- フォールンエンジェル　Fallen Angel ── 114
- フレンチ75　French 75 ── 116
- ホワイトレディ　White Lady ── 64,107
- マティーニ　Martini ── 51,106

テキーラ

- テキーラサンライズ　Tequila Sunrise ── 118
- Ⓜ ドラゴンフルーツのカクテル　Dragon fruits Cocktail ── 93
- マタドール　Matador ── 112
- マルガリータ　Margarita ── 63,108
- モッキンバード　Mockingbird ── 113

ブランデー

- アメリカンビューティー　American Beauty ── 56,110
- アレキサンダー　Alexander ── 62,110
- キャロル　Carol ── 111
- サイドカー　Sidecar ── 61,107
- ジャックローズ　Jack Rose ── 53,110
- シャンゼリゼ　Champs-Élysées ── 114
- スティンガー　Stinger ── 117
- ハネムーン　Honeymoon ── 111
- ビトウィーン・ザ・シーツ　Between the Sheets ── 114
- ブランデーブレイザー　Brandy Blazer ── 60,116
- フレンチコネクション　French Connection ── 52,118

ラム

- エクスワイズィ　X.Y.Z. ── 107
- クオーターデッキ　Quarter Deck ── 109
- シャンハイ　Shanghai ── 117
- ダイキリ　Daiquiri ── 108
- Ⓜ ドラゴンフルーツのカクテル　Dragon fruits Cocktail ── 93
- ネバダ　Nevada ── 108
- Ⓜ バナナダイキリ　Banana Daiquiri ── 84
- フローズンダイキリ　Frozen Daiquiri ── 54,119
- ポーラーショートカット　Polar Short Cut ── 60,113
- ホットバタードラムラテ　Hot Buttered Rum Latte ── 60,115
- メアリーピックフォード　Mary Pickford ── 109
- モヒート　Mojito ── 61,111
- Ⓜ モヒート　Mojito ── 85
- Ⓜ ラム・パッションフルーツ・オールドファッションド　Rum Passion fruits Old-Fashioned ── 88
- レオン　Leon ── 118

リキュール

- グラスホッパー　Grasshopper ── 112
- ゴールデンキャデラック　Golden Cadillac ── 117
- ゴールデンドリーム　Golden Dream ── 119

その他

- コペンハーゲン（アクアビット）　Copenhagen ── 115
- サンジェルマン（シャルトリューズ）　St. Germain ── 116
- Ⓜ ティツィアーノ（シャンパーニュ）　Tiziano ── 90
- バンブー（シェリー）　Bamboo ── 59,113
- Ⓜ ベリーニ（シャンパーニュ）　Bellini ── 81
- Ⓜ レオナルド（シャンパーニュ）　Leonardo ── 86
- レッドバイキング（アクアビット）　Red Viking ── 61,115

山田高史　p.6〜64、p.94〜96、p.100〜119担当

◇ Bar Noble
神奈川県横浜市中区吉田町2-7　VALS吉田町1F
TEL：045-243-1673
営業：18時〜翌1時30分　無休（年末年始除く）

◇ Grand Noble
神奈川県横浜市中区吉田町12-2　パークホームズ横濱関内101
TEL：045-315-2445
営業：19時〜翌2時30分　無休（年末年始除く）

宮之原拓男　p.66〜93、p.97〜105、p.120〜125担当

◇ BAR ORCHARD GINZA
東京都中央区銀座6-5-16　三楽ビル7階
TEL：03-3575-0333

Staff
撮影　　　　　　　　大山裕平
イラスト　　　　　　芦野公平
アートディレクション　岡本洋平
デザイン　　　　　　岡本デザイン室
取材・執筆　　　　　いしかわあさこ、編集部
編集　　　　　　　　池本恵子（柴田書店）

カクテルの教科書

初版印刷　2018年10月15日
初版発行　2018年10月30日

著者©　　山田高史、宮之原拓男
発行者　　丸山兼一
発行所　　株式会社 柴田書店
　　　　　東京文京区湯島3-26-9　イヤサカビル　〒113-8477
　　　　　電話　営業部　03-5816-8282（注文・問合せ）
　　　　　　　　書籍編集部　03-5816-8260
　　　URL　http://www.shibatashoten.co.jp

印刷・製本　シナノ書籍印刷株式会社

本書掲載内容の無断掲載・複写（コピー）・引用・データ配信等の行為は固く禁じます。
乱丁・落丁本はお取替えいたします。
ISBN　978-4-388-06274-4
Printed in Japan
©Takafumi Yamada, Takuo Miyanohara 2018